AF613587

CAMPAGNE DE 1870

ARMÉE DU RHIN

IMPRIMERIE J. CLAYE
RUE SAINT BENOIT 7
LABOR
PARIS

CAMPAGNE DE 1870

ARMÉE DU RHIN

CAMP DE CHALONS — BORNY
REZONVILLE OU GRAVELOTTE — SAINT-PRIVAT
BLOCUS DE METZ

PAR

LE Dr FERDINAND QUESNOY

MÉDECIN PRINCIPAL DE 1re CLASSE A L'ARMÉE DU RHIN

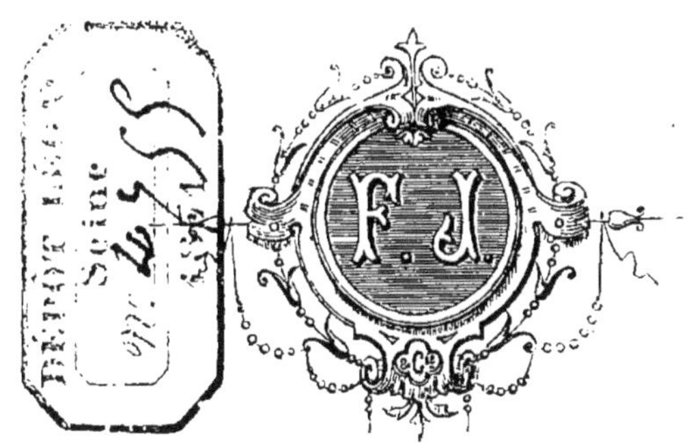

PARIS

FURNE, JOUVET ET Cie, ÉDITEURS

45, RUE SAINT-ANDRÉ-DES-ARTS

1872

A MON EXCELLENT AMI

MONSIEUR DE CORNELY PRUD'HOMME

COLONEL D'ÉTAT-MAJOR EN RETRAITE

Au moment de notre départ pour la campagne de 1870, votre cœur de soldat et de patriote souffrait de ne pouvoir plus prendre sa part des travaux de notre armée. Je vous promis alors le récit journalier de tous les faits de guerre et des émotions qui s'y rattachent. Vous savez par quelles tristes circonstances j'ai été empêché de tenir ma promesse. et maintes fois elles m'ont rappelé vos prévisions.

Votre expérience vous rendait prophète quand, en juillet, vous m'écriviez : « *Ma confiance s'évanouit depuis que je vois mettre aux brancards les poulains inexpérimentés et conserver pour le renfort les timoniers éprouvés;* » là est, en effet, le secret de beaucoup de choses, et j'espère que ce récit vous dira comment elles se sont produites.

F. QUESNOY.

PRÉFACE

Le récit des événements de guerre est toujours une œuvre difficile, parce que personne n'ayant le don d'ubiquité, chacun raconte ce qu'il a vu selon son impression personnelle et concentre tout autour de sa sphère d'action. Ce n'est donc que par la multiplicité des documents que l'histoire se fait, et ces documents ne seront jamais assez nombreux pour mettre la lumière sur les événements douloureux et surprenants qui se sont déroulés dans notre pays.

Nous n'avons pas à en rechercher les causes ; elles sont nombreuses et résident dans notre politique, dans notre administration, dans notre état social, dans notre organisation militaire, en un mot dans tout ce qui constitue la vie d'un peuple; mais nous désirons mettre en évidence les faits accomplis pour y chercher des enseignements, persuadé que la meilleure leçon est celle de l'expérience.

Notre but a donc été de retracer fidèlement les faits, de recueillir toutes les impressions, de suivre jour par jour les phases du grand drame qui se déroulait sous nos yeux, et de rattacher, autant que possible, les effets aux causes.

Il est difficile de dire tout ce que l'on croit être, d'abord parce que l'on peut se tromper dans ses appréciations et qu'il faut toujours redouter une erreur, même involontaire; mais il est facile de se renfermer dans les faits et de n'en tirer que les déductions rationnelles et logiques qui n'échappent à personne. Cette réserve est surtout commandée par les divergences d'opinions qui se sont manifestées sur les actes de l'armée du Rhin.

Nous n'avons pas cru devoir réfuter les exagérations qui ont eu cours aux premiers moments, persuadé qu'une connaissance plus complète des faits apporterait une plus juste appréciation de leur valeur; aussi, pour les mettre en lumière, avons-nous voulu vivre de la vie du soldat de cette brave armée; dire ses travaux, ses fatigues, ses peines, ses privations; la montrer vaillante au feu, résignée dans le malheur et toujours admirable.

Si les résultats n'ont pas été ceux que nous pouvions espérer, il faut en chercher la cause dans des raisons multiples d'organisation et de direction, et non dans le bon vouloir et les efforts de tous ceux qui avaient à faire acte d'obéissance.

Qu'une nouvelle et meilleure organisation militaire nous donne force et puissance, que des institutions libérales et respectées rétablissent l'harmonie, et notre pays se remettra bientôt d'une secousse qui a pu l'ébranler, mais non l'abattre !

CAMPAGNE DE 1870

ARMÉE DU RHIN

Depuis la campagne de 1866 contre l'Autriche, l'équilibre européen était rompu; des oscillations politiques se produisaient fréquemment et on sentait que le pivot de la situation menaçait de se rompre à chaque instant. La question du Luxembourg avait failli amener cette rupture, l'inexécution du traité de Prague était une cause toujours présente, il devenait évident pour tous qu'un jour ou l'autre, et pour une cause peut-être en dehors des prévisions, l'édifice politique chancelant tomberait et qu'une lutte violente s'ouvrirait.

Dans cette prévision, nous avons modifié nos lois militaires, nous avons cherché à avoir sur pied de nombreux bataillons, nous avons changé notre armement, nous avons organisé des réserves pour les ambulances et le campement, nous avons enfin voulu nous mettre sur un pied respectable. Mais toutes ces choses ne s'improvisent pas, il faut du temps pour faire accepter des lois militaires, même lorsqu'elles abrégent la durée du service, et il fallait plusieurs années pour établir le mouvement normal qui devait nous donner une armée nombreuse, régulière, disciplinée et habituée au maniement des armes.

C'est dans cette période de transformation que la guerre de 1870 est venue, on peut dire, nous surprendre.

Je n'ai pas à rappeler ni à apprécier les complications politiques qui se sont produites. Elles seront examinées en d'autres lieux par des juges compétents; mais déjà il est acquis que nous avons trop présumé de nos forces numériques en hommes et de nos préparatifs militaires; que nos retards forcés, que notre manque de cohésion nous ont été fatales, et que l'absence de plan, sinon conçu, du moins exécuté, a présidé à la série d'événements désastreux qui ont marqué cette campagne depuis son début.

Durant la courte période qui a précédé le départ des troupes, nous avons assisté à toutes les indécisions apportées dans l'organisation de l'armée, et ce n'était pas sans une certaine crainte que nous voyions les hésitations, non-seulement dans la désignation des chefs, mais même dans la composition des différentes parties de l'armée.

D'abord il s'agissait de former trois armées, sous le commandement de maréchaux. C'était, de l'avis de tous les hommes compétents, une mesure sage, parce qu'elle réunissait dans une main expérimentée une force imposante, obéissant à la voix du même chef et dont toutes les fractions pouvaient se prêter appui dans des circonstances déterminées; mais il paraît que les raisons qui avaient dû faire prévaloir l'idée des trois armées n'ont pas pu triompher, et nous avons appris la formation de sept corps, c'est-à-dire de sept unités, par conséquent de sept volontés qui pouvaient ne pas interpréter de la même façon les exigences des différentes situations et, par suite, ne pas s'entr'aider efficacement. Bien que placés sous le commandement d'un seul chef, ces sept corps devaient se trouver si éloignés les uns des autres, que l'unité de commandement pouvait n'avoir pas le temps de s'exercer, en présence des incidents créés par la nature du terrain et les dispositions d'attaque de l'ennemi; aussi avons-nous vu le fractionnement amoindrir considérablement notre résistance, quand une plus grande cohésion aurait probablement opposé une barrière aux attaques vigoureuses de l'ennemi et changé la face des choses au début de la campagne.

Une circonstance, dont il fallait tenir grand compte, devait influer sur l'organisation de l'armée et modifier ses dispositions. Voulait-on une guerre offensive? il fallait des masses imposantes sur les points d'attaque choisis. Voulait-on une guerre défensive? il fallait encore de grosses masses sur les points d'attaque probables, et nous n'avons pas vu que pour l'un ou l'autre cas ces dispositions aient été observées. Bien des choses de détail, je le sais, peuvent contrarier les combinaisons et empêcher la réalisation des plans; mais quand des embarras se produisent au début d'une campagne, alors que l'on n'a à remplir que les premières indications d'un programme, quand rien n'est encore venu, de la part de l'ennemi, troubler l'exécution des choses arrêtées, il faut qu'il y ait un concours de circonstances vraiment exceptionnelles pour être dérangé dans les prévisions. J'ai entendu dire, et cela me paraît vraisemblable, que le plan, qui consistait dans l'offensive, avait été adopté et devait être suivi; mais que nous avions été arrêtés de suite par le manque de toutes choses, même de vivres; quelque inexplicable qu'il soit, ce fait paraît certain et a présidé à tous les événements ultérieurs.

En effet, tout avait été calculé pour que notre concentration à la frontière fût faite huit ou dix jours avant la concentration probable de l'armée ennemie; nous pouvions prendre dans la Bavière rhénane ou sur d'autres points des positions fortes qui nous auraient permis d'apporter de grandes difficultés à la jonction des contingents de l'Allemagne du sud avec ceux de l'Allemagne du nord; nous pouvions avoir raison en détail de ces différentes parties de l'armée ennemie; au lieu de cela nous avons été conduits à nous immobiliser, faute des moyens de commencer la campagne. Nous n'avons pas assez compris que tout était dans le début, surtout pour développer la confiance et maintenir le moral de l'armée. Nous avons manqué de prévoyance.

Quel que fût le plan adopté, pour le réaliser il fallait être prêt; il fallait des soldats, il fallait une armée, c'est-à-dire une organisation militaire complète. Malheureusement beaucoup, se berçant d'illusions, croyaient à l'existence réelle de ce qui n'existait que sur le papier et fondaient des espérances chimériques sur des ressources imaginaires. Notre organisation militaire, pleine de promesses, nous laissait impuissants devant la réalisation, et cette préparation, hautement annoncée au pays, n'était qu'une illusion fatale qui devait amener une déception cruelle.

Nous supposions pouvoir organiser une armée de 600,000 hommes; notre plus haut effectif n'a jamais atteint 300,000, dont il fallait déduire les non-valeurs, toujours si nombreuses; nous comptions pour grossir ce chiffre sur les réserves, dont les ressources eussent pu être grandes; mais les vices de notre système administratif qui complique tous les rouages entravaient la prompte concentration des hommes appelés. S'agit-il, en effet, de former une armée? les hommes de la réserve viennent de tous les points de la France rejoindre les régiments auxquels ils sont attribués; celui qui habite Perpignan peut être forcé de rejoindre son dépôt à Quimper et de là être envoyé en Alsace où son régiment est endivisionné. Il en résulte des pertes de temps et d'argent considérables, et souvent, comme il est arrivé dans cette campagne, l'impossibilité de tirer parti des occasions favorables du début.

Il en était de même du matériel de guerre, entassé dans les parcs, quand nos forteresses des frontières auraient dû être abondamment pourvues de tout ce qui est nécessaire à une armée. Notre matériel démonté était emmagasiné dans quelques centres de construction comme Paris, Vernon, où la simple opération du montage des voitures du train des équipages exige des mois de travail; aussi l'approvisionnement de l'armée en voitures d'ambulance, en voitures pour les bagages des régiments, et même en effets de campement et ustensiles de tous genres, nécessaires aux soldats en campagne, fut longtemps incomplet et l'organisation de l'armée se ressentit toujours de la centralisation des choses indispensables aux troupes.

Il n'y eut même pas d'exception pour les vivres et les munitions de guerre. Nous avions garni, il est vrai, nos magasins de Lunéville, de Sarreguemines; mais, surpris par les événements, nous n'avions pas eu le temps de garnir tous nos magasins des frontières et nous attendions jour par jour l'arrivée des convois qui nous apportaient la subsistance. Dans cette situation précaire un accident pouvait tout compromettre, car c'est à peine si nous étions assurés du lendemain, et cependant il faut reconnaître que tout était mis en œuvre pour faire face autant que possible aux exigences ; mais on ne pouvait pas multiplier les moyens. Le défaut était dans le point de départ, dans la précipitation qui avait été apportée à réaliser une entreprise difficile pour laquelle nous n'avions rien préparé, et dont le succès était plus que douteux en présence de ce que nous étions conduits à faire pour assurer la subsistance des troupes.

C'est, en effet, pour cette raison que les corps d'armée ont été disséminés le long de la frontière, sur une longueur de plus de cinquante lieues, dans un pays accidenté, boisé, où la surveillance devait être incessante. Ainsi étendue, notre armée n'offrait aucune solidité, aucune cohésion, et dans son infériorité numérique elle avait constamment à redouter une attaque dont il était facile de prévoir les conséquences.

A la fin de juillet, l'armée comptait à peine 150,000 hommes, échelonnés de Sierck à Strasbourg, et on ne pouvait pas douter que l'ennemi n'eût déjà en ligne plus du double de ces forces. On pressait, il est vrai, l'arrivée des régiments, des réserves, de l'artillerie, mais tout cela était subordonné à tant d'éventualités que les plus grandes inquiétudes devaient se produire, surtout devant la perte du temps sur lequel nous comptions pour nous opposer à la réunion de toutes les forces allemandes.

C'est ainsi que nous avons vu nos projets s'évanouir par le fait de circonstances que nous aurions dû prévoir. Mais l'illusion était poussée si loin que les choses les plus élémentaires ont malheureusement échappé; nous avons cru les rouages de notre machine si bien montés, qu'il suffisait de lui imprimer le mouvement pour la faire fonctionner activement et utilement; nous nous sommes crus prêts, en un mot, et nous étions loin de l'être. Nos places fortes n'étaient pas non plus préparées à la défense. Metz, particulièrement, n'avait été l'objet d'aucun travail spécial complet. Quelques années auparavant, quand la guerre était devenue probable, nous avions à la hâte fait quelques remuements de terre, ébauché quelques fortifications sur les parties élevées qui devaient être les remparts avancés de cette ville, et, quand eurent cessé les causes qui avaient amené ce déploiement d'activité, nous avons laissé sommeiller notre ardeur pour la réveiller au moment critique, mais quand déjà il était trop tard pour faire une chose efficace.

Dans ces conditions, il eût été prudent de gagner du temps pour nous organiser et surtout pour nous ménager des appuis, des alliances avec des voisins, qui, pris comme nous à l'improviste, ne pouvaient nous prêter leur concours qu'après un temps moral nécessaire à leur préparation. L'Autriche, l'Italie, qui, par des raisons différentes devaient avoir pour nous de la sympathie, ne pouvaient répondre à notre appel qu'après avoir réuni leurs forces et fait adopter par la nation la nécessité de leur intervention. Au lieu de cela nous avons apporté à notre entrée en campagne une précipitation qui eût été bonne pour une armée préparée de longue date, avec des approvisionnements nombreux sur tous les points de concentration, mais qui ne pouvait qu'être fatale dans les conditions opposées.

Cette précipitation nous a privés de nos alliances effectives et solides, et, quand les événements de guerre nous eurent successivement frappés et gravement compromis, il devenait évident que personne ne pouvait plus nous tendre une main amie; nous étions amenés à faire nous-mêmes nos affaires dans des conditions d'infériorité numérique considérable et avec des moyens relativement pauvres. De là la série de malheurs qui ont frappé nos armes, malgré l'héroïsme de nos soldats, aussi bien devant le feu que devant les privations de toutes sortes; de là peut-être, ce qui est plus grave et plus sérieux, le bouleversement de notre pays et les calamités qui pèseront encore longtemps sur lui.

Malgré les difficultés de la tâche, en présence des interprétations qui ont été données des actes de l'armée du Rhin, nous avons entrepris de les retracer sans parti pris, sans arrière-pensée. Ce journal est comme la photographie des événements qui se sont succédé; la sobriété des réflexions laissera au lecteur le soin de tirer ses déductions.

Je me suis abstenu de parler des faits militaires importants du début de cette campagne, parce que je ne les connais pas suffisamment; je me suis borné au récit de ceux dont j'ai été témoin et pour le souvenir desquels j'ai pris des notes journalières.

CAMP DE CHALONS. — FRŒSCHWILLER. FORBACH.

La guerre à peine déclarée, les divisions du camp de Châlons furent dirigées sur la frontière; celles de l'armée de Paris les suivirent. Ce fut un mouvement précipité, sans relâche; les trains se succédaient sur la ligne de l'Est avec un ordre parfait; le matériel des autres lignes avait été mis en réquisition pour augmenter celui qui était nécessaire au transport rapide des troupes, et, malgré ce surcroît de service, le personnel du chemin de fer se multipliait pour faire face à toutes les exigences. L'embarquement des hommes, des chevaux et de ce matériel immense nécessaire à une armée : canons, affûts, voitures, munitions de bouche et de guerre, objets de campement, se faisait avec précision et régularité, mais peut-être pas assez vite au gré des impatiences, car, une fois le mouvement prononcé, il importait de le précipiter.

Chaque jour, une foule énorme stationnait à la gare pour acclamer nos soldats, témoignant ainsi la part qu'elle prenait à une guerre dans des conditions présentées comme favorables. Ces manifestations étaient quelquefois l'occasion de libations qu'il était difficile d'empêcher. C'était un toast à l'amitié, à l'armée, à nos succès, un dernier serrement de mains avant la vie aventureuse des camps et tout le monde partait avec un véritable enthousiasme. Si une larme furtive mouillait parfois une paupière au moment des adieux, elle se séchait vite à la chaleur communicative qui s'exhalait de chaque cœur de soldat, et bientôt, le sentiment du devoir planant au-dessus de la famille, au-dessus de l'amitié, on ne pensait plus qu'à la noble mission confiée par le pays à la vaillance de son armée.

L'enthousiasme était général ; jamais, peut-être, il ne s'était produit avec une pareille ardeur, et il devait faire pénétrer la confiance dans l'âme de ceux qui, plus instruits de la puissance de nos ennemis et de la nôtre, auraient pu concevoir quelques appréhensions sur les résultats de la lutte gigantesque qui allait s'ouvrir.

Les troupes de l'armée de Paris étaient parties; la garde avait déjà été dirigée sur Nancy, et le 24 au soir le maréchal Le Bœuf, major général, allait prendre possession de son commandement à Nancy.

Le maréchal Canrobert suivait dans un autre train pour se rendre au camp de Châlons, où allait être formé le 6e corps comme une réserve dont l'action devait être utilisée selon les circonstances.

Le 25 au matin, à son arrivée au camp, le commandant du 6e corps était le premier au rendez-vous avec son état-major. Une de ses divisions (3e, Lafont de Villers) se trouvait à Soissons; une autre, la 4e (Levassor Sorval), était à Paris avec la brigade de cuirassiers. Les deux autres divisions, commandées, la 1re par le général Tixier, la 2e par le général Bisson, étaient en route, venant du midi et de l'ouest de la France. Il en était de même de la cavalerie et de l'artillerie, qui devaient être formées d'éléments pris sur différents points de notre territoire.

Grâce à la rapidité des communications par chemins de fer, les troupes d'infanterie ne tardèrent pas à se concentrer au camp. La cavalerie venue, partie en chemin de fer, partie par étapes, y fut bientôt aussi, et enfin l'artillerie, dont les batteries avaient été prises à La Fère et dans le midi de la France, fut réunie. Dans les premiers jours d'août, le 6e corps était au complet, moins la 4e division qui demeurait à Paris.

Les services administratifs, les ambulances, le campement, les vivres, avaient à peu près leur personnel, et le matériel des ambulances arriva le 5 août, suffisant pour les besoins de chaque division; il y avait même une réserve.

Le 6e corps s'organisait ainsi lentement, mais il recevait successivement à peu près ce qui lui était nécessaire, de sorte qu'il ne tarda pas à présenter une organisation presque complète. Ce n'était cependant pas sans peine, car les magasins d'approvisionnement du camp de Châlons avaient été en grande partie vidés pour fournir aux besoins du 2e corps, et les vides n'avaient pas encore été comblés. C'était Paris qui devait fournir aux besoins du 6e corps.

Au milieu de ce travail d'organisation, fut annoncée l'arrivée inopinée de plusieurs bataillons de la garde nationale mobile, et, dès le lendemain matin, trois de ces bataillons débarquaient à Mourmelon, sans armes, sans ustensiles de campement, sans couvertures, sans rien de ce qui est nécessaire au bivouac. Beaucoup même étaient sans vivres, quoique, au départ, il en eût été distribué à chaque homme pour deux jours. Les ressources du camp, déjà insuffisantes pour les besoins du 6e corps, ne pouvaient pas pourvoir à ceux des bataillons de la garde mobile; des ordres furent donnés pour préparer à la hâte des subsistances qui ne purent être délivrées que dans la soirée, mais ce fut pour le moment tout ce qu'il était possible de donner.

Cependant des tentes restées dressées reçurent les nouveaux hôtes; on leur distribua de la paille fraîche et des couvertures, et le lendemain, malgré de grandes difficultés, tout le service aurait pu être régularisé, sans l'arrivée de nouveaux bataillons qui vinrent augmenter les embarras. Évidemment on n'avait pas prévu l'appauvrissement des magasins du camp de Châlons; on n'avait pas calculé les difficultés que devaient faire naître la subsistance et l'installation d'une grande agglomération d'hommes sur un même point, sans approvisionnements préalables; aussi les gardes mobiles, peu habitués aux privations, excités par les récriminations de quelques ardents d'entre eux, firent-ils entendre des plaintes dont la forme ne pouvait pas être tolérée, surtout dans le voisinage de l'armée régulière, au milieu de nos régiments mieux constitués.

Cependant, comme il est toujours facile de faire comprendre à une jeunesse intelligente qu'il faut savoir tout accepter, même les misères, quand elles ne sont que le résultat de circonstances fortuites et indépendantes de la volonté, le maréchal Canrobert, par un langage tout à la fois ferme et bienveillant, n'eut pas de peine à réprimer quelques vivacités de paroles et à faire adopter une situation qui allait, du reste, être promptement modifiée.

La garde mobile, au camp de Châlons, ne relevait pas du commandant du 6e corps; elle était sous l'autorité militaire du général commandant le territoire. Celui-ci vint, de sa personne, au camp jusqu'à l'arrivée du général Berthaut qui avait présidé à la formation de la garde nationale mobile de la Seine et en avait le commandement.

Ces incidents de formation nous ont conduits jusqu'au 5 août. A cette date, le 6e corps reçut ordre de faire ses préparatifs de départ pour Nancy, que la garde avait quitté afin de se rapprocher de Metz, et, dès le lendemain, les divisions d'infanterie partirent du camp de Châlons par les voies ferrées. La cavalerie et l'artillerie prirent les voies ordinaires pour se diriger par Sainte-Menehould et Verdun sur Nancy. Ces corps, partis vers midi, firent étape à Suippe.

Dans cette journée, une division et demie d'infanterie avait été mise en route; le mouvement se continuait, et, dans la journée du 7, tout le 6e corps devait avoir quitté le camp. Mais un ordre vint non-seulement suspendre le départ, mais prescrire la rentrée des troupes déjà arrivées à Nancy. Que s'était-il passé pour expliquer ce contre-ordre? Chacun se le demandait avec d'autant plus d'anxiété que, la veille, le bruit s'était répandu de la mort du général Douay (Abel), de la défaite de sa division, et on craignait que ce malheur n'eût des proportions plus grandes. Nos craintes ne tardèrent pas à être vérifiées. Nous étions à la gare de Mourmelon, attendant que l'embarquement de nos chevaux fût terminé pour monter en wagon, lorsqu'un officier du maréchal Canrobert vint apporter l'ordre de suspendre les départs et de rentrer au camp. Le maréchal venait de recevoir du maréchal de Mac-Mahon une dépêche datée de Saverne, quatre heures du matin, disant : « J'ai été attaqué hier matin par des forces très-supérieures, j'ai lutté pendant toute la journée et j'ai perdu la bataille; je me suis mis en retraite sur Saverne, où je vous prie de m'envoyer au plus tôt des vivres et des munitions. »

En même temps que cette dépêche, le commandant du 6e corps recevait l'ordre de suspendre l'envoi de ses divisions sur Nancy et de faire rentrer au camp de Châlons celles qui étaient déjà arrivées à leur destination.

Malgré la pénurie des approvisionnements au camp, le maréchal Canrobert envoya immédiatement à son collègue du 1er corps tout ce qu'il put réunir en vivres et en munitions. Ce convoi, sous la conduite d'un officier, arriva dans la journée à sa destination.

Il avait dû se produire, dans la journée du 6 août, une situation grave dont il était déjà facile de prévoir les conséquences. La rapidité avec laquelle le 1er corps et une partie du 5e avaient franchi dans leur retraite la distance qui sépare Frœschwiller de Saverne annonçait que la défaite avait dû être complète, et l'armée assez débandée pour ne pouvoir pas se reformer dans le trajet. Si ce n'était une déroute, on pouvait au moins supposer que la poursuite de l'ennemi était assez vigoureuse pour ne pas laisser à nos troupes le temps de se reconnaître et de se grouper, pour éviter les désordres qui accompagnent forcément une armée dont la marche est précipitée.

Nous fûmes bientôt édifiés sur la portée de ce premier insuccès; il était tel qu'il changeait complétement la face des choses. Nous étions forcés de quitter l'attitude offensive pour prendre la défensive sur un autre point; nous perdions du même coup une grande zone de notre territoire et nous voyions s'amoindrir dans l'armée cette confiance qui joue un si grand rôle dans toutes les actions de guerre. Le maréchal de Mac-Mahon, retiré à Saverne et continuant sa marche en arrière, entraînait forcément la retraite des autres corps d'armée, et, avant qu'elle ne s'effectuât, l'ennemi, voulant poursuivre un premier succès, attaquait énergiquement à Forbach le 2ᵉ corps et précipitait par un nouveau succès le mouvement général de retraite qui amena la concentration de tous les corps autour de Metz.

A propos des faits qui venaient de se produire, j'ai été frappé de l'exactitude des prévisions d'un de nos maréchaux. J'étais chez le maréchal Canrobert, au camp de Châlons, le jour où les journaux apportèrent la nouvelle de la capture d'une reconnaissance de cavalerie prussienne par des cavaliers de la brigade de Bernis, près de Niederbronn. Le maréchal, examinant alors sa carte, nous dit : « Cette reconnaissance est bien hardie de s'avancer autant, et je suis convaincu que l'intention de l'armée prussienne est de masquer l'Empereur sur la Saare et de faire un vigoureux effort sur notre extrême droite pour la forcer à la retraite, ce qui entraînera forcément celle du reste de notre armée. » Les faits se sont malheureusement produits ainsi, et, sans rien préjuger de ce qui serait arrivé, il est rationnel de penser que, si une des armées dont il était question avant l'entrée en campagne se fût trouvée compacte autour de Wissembourg, elle eût pu s'opposer à l'effort de l'armée prussienne et changer la face des choses.

Il avait été annoncé, au camp de Châlons, qu'un officier de la maison de l'Empereur devait y venir préparer les logements; naturellement, on en avait tiré la conséquence que la retraite du maréchal de Mac-Mahon avait amené la nécessité d'une concentration des troupes sur la Meuse et que le quartier impérial serait au camp de Châlons. Ces suppositions se fortifièrent, le 8 au matin, par l'arrivée de M. le capitaine Favrot, écuyer de l'Empereur, avec une partie des équipages. En même temps, la 1re division du 6e corps, une partie de la 2e, qui déjà étaient arrivées à Nancy, et les autres troupes d'infanterie qui étaient en route, rentrèrent au camp de Châlons; la cavalerie et l'artillerie, voyageant par étapes, furent aussi rappelées.

Ce mouvement rétrograde s'opéra sur un ordre venu de Metz et ignoré de l'Empereur, qui avait lui-même donné l'ordre de concentration du 6e corps à Nancy. Que de regrets j'ai entendu exprimer sur ce contre-ordre!

L'ordre du départ du 6e corps pour Nancy avait précédé la défaite du 1er corps (il est du 5). Groupé à Frouard, à quelques lieues de Nancy, le 6e corps aurait été ou une réserve pouvant prêter un concours énergique au corps Mac-Mahon en cas de retour offensif sur l'ennemi, ou un point d'appui pour la retraite. Frouard, par la nature de sa situation topographique, dominé de tous côtés par de fortes positions, naturellement retranchées, qui commandent les vallées de la Moselle et de la Meurthe à leur confluent, gardait la ligne du chemin de fer, c'est-à-dire toutes les communications pour notre armée avec sa base d'opération, et arrêtait l'ennemi en avant de Nancy. Frouard est un point stratégique commandé qui a été l'objet d'un grand nombre d'études, et il fallait que des considérations bien puissantes présidassent à l'abandon injustifiable de cette position, qui fut livrée sans lutte à la marche envahissante de l'ennemi.

Les raisons déterminantes de ces ordres et contre-ordres, de l'abandon de Frouard, inexplicables au moment où ils se produisaient, nous sont aujourd'hui expliquées par des considérations d'un autre ordre que celles qui devaient être tirées de la situation respective des armées. Après les échecs de Frœschwiller et de Forbach, la résolution avait été prise d'abandonner la ligne de la Moselle et de se retirer sur la Meuse. De là, le rappel des divisions du 6e corps déjà arrivées à Nancy et l'envoi au camp de Châlons d'un officier de la maison impériale. Mais la nouvelle reçue à Paris de cette résolution y avait produit, en conseil des ministres, un fort fâcheux effet, et M. Maurice Richard fut envoyé au quartier impérial pour prier l'Empereur de modifier son projet, afin de ne pas jeter la perturbation dans les esprits par l'abandon à l'ennemi d'une aussi grande partie de notre territoire. C'est pour obtempérer à ces observations que l'Empereur aurait modifié ses résolutions et serait resté sous

Metz avec son armée, grossie du 6e corps, appelé de nouveau du camp de Châlons. Ce fut un malheur : il est difficile de subordonner des opérations de guerre à des raisons politiques et surtout à des raisons sociales. La science stratégique comprend celle de l'opportunité des sacrifices pour attendre des occasions plus favorables. Couvrir Paris devait être, à un moment de cette campagne, l'objectif, et c'est pour avoir trop tenu compte de l'effet qu'aurait produit une retraite sur la Meuse, dans les premiers jours d'août, que nous avons vu se dérouler une série de malheurs.

Dès le 9 août, la division qui avait été portée à Nancy était à peine rentrée au camp de Châlons, que le 6e corps recevait de nouveau l'ordre de se tenir prêt à partir pour Metz. La veille, le maréchal Canrobert avait quitté le camp et n'y était pas revenu ; nous avons su depuis qu'il s'était rendu à Metz.

Quoiqu'il ne fût pas appelé dans cette ville, sa présence pouvait y être nécessaire pour se mettre, au moins, en communication d'idées plus immédiate que ne le permettent les lenteurs d'une correspondance même régulière ; de grosses questions venaient, en effet, d'être traitées au quartier impérial.

Le maréchal Bazaine était investi du commandement en chef de l'armée qui se concentrait autour de Metz. On pensait qu'une grande bataille était imminente, et c'est probablement dans cette éventualité qu'on appelait le 6e corps, dont le retour au camp de Châlons était ignoré du chef de l'armée.

Le maréchal, rentré au camp dans la nuit, donna de suite des ordres pour que tout fût prêt au premier signal du départ; mais, le lendemain, une dépêche de l'Empereur lui demandait de se rendre à Paris pour y prendre les ordres de l'Impératrice régente, et, peut-être, recevoir un commandement dans la capitale.

Il régnait à Paris, en ce moment, une certaine inquiétude; la nouvelle de deux défaites successives avait mis en émoi la population; déjà on avait comme un pressentiment des événements qui se sont déroulés, et il n'était pas impossible que l'on songeât à rendre à l'ancien chef de l'armée de Paris le commandement qu'il avait avant la guerre. Mais le maréchal ne pouvait se dispenser de faire observer que, dans les circonstances critiques qui surgissaient pour le pays, son choix ne pouvait être douteux et qu'il désirait conserver le commandement de son corps d'armée. Il était d'autant mieux fondé pour exprimer ce désir, que, dans la journée du 10, quelques heures après son départ du camp, une dépêche appelait à Metz d'abord la 3e division, et, dans la même journée, une nouvelle dépêche prescrivait le départ de la 1re et la 2e. Ces circonstances nous permettaient de croire à une dissolution du 6e corps, et nous nous demandions si cette mesure n'était pas la conséquence de la nomination au commandement en chef du maréchal Bazaine, dans le but d'écarter de l'armée le maréchal le plus ancien.

Cette mesure, quoi qu'elle eût d'excessif, pouvait se comprendre. On ne rencontre pas tous les jours des chefs qui, appelés au premier rang par leur position et leur ancienneté, font volontiers le sacrifice de leur personnalité, par respect pour les décisions, et n'ont d'autre sentiment que celui de concourir de tous leurs efforts au bien général.

Une pareille abnégation est fort honorable; elle prouve toujours un grand cœur et un patriotisme au-dessus de toutes les questions personnelles. Aussi, guidés dans nos espérances par d'autres faits analogues, nous pensions que le 6e corps subsisterait et que son chef réclamerait, non-seulement comme un honneur, mais comme un devoir, de conduire ses troupes au combat. Nos espérances ne furent pas déçues. Dans la nuit même, une dépêche nous apprit que le maréchal se rendait directement à Metz, emmenant sa 4e division qui était restée à Paris.

Au camp de Châlons, on multipliait les trains pour transporter l'infanterie; dans la journée du 11, la 1re et la 3e division étaient parties, et les départs se succédaient aussi vite que le permettaient les ressources du matériel et la liberté de la voie.

Le 12 au matin, vers deux heures, le matériel des ambulances, les bagages, les voitures, étaient à l'embarcadère, lorsque le chef de gare fit suspendre l'embarquement.

Il venait d'apprendre que les communications avec Frouard étaient coupées et que, pour le moment, il ne pouvait lancer aucun train. A sept heures, une nouvelle dépêche lui annonça le rétablissement de la voie, et nous partîmes à dix heures, laissant encore au camp de Châlons la 2e division d'infanterie, moins un régiment, la cavalerie, l'artillerie, le parc de réserve de l'artillerie et du génie, des ambulances, et une grande partie du matériel des services administratifs.

Notre voyage s'effectua avec une lenteur extraordinaire; la locomotive ne cessait de siffler pour dégager la voie. Sur la grande route de Châlons à Mourmelon, qui longe la voie ferrée, on rencontrait des bandes de soldats armés ou sans armes, harassés de fatigue : c'étaient des débris du corps de Mac-Mahon qui, n'ayant pu rejoindre, se réfugiaient au camp.

Ce spectacle était pénible à voir, il témoignait du désordre qui a suivi l'échec de ce corps d'armée. A partir de Châlons, le train marcha avec une extrême prudence, surtout en avançant vers Frouard; il s'arrêtait fréquemment; partout les populations, accourues à la gare, exprimaient l'inquiétude; le bruit s'était déjà répandu de la marche de l'ennemi sur Nancy et de l'occupation de cette ville par les éclaireurs allemands. A Bar-le-Duc, où nous dînâmes, il y avait une grande émotion ; on nous recommanda un redoublement de prudence, parce que, disait-on, la gare de Frouard était occupée par les Prussiens et qu'ils avaient dû dégrader la voie. Sur ces indications, le général Henry fit prendre quelques mesures de résistance ; il plaça sur la locomotive et dans des wagons de bagages des hommes armés, et nous continuâmes notre route aussi lentement qu'un cheval au petit trot, faisant de longs temps d'arrêt, non-seulement aux gares, mais entre les stations. Ces mesures de prudence étaient commandées à cause de l'abandon de la voie par les employés; il n'y avait presque pas de signaux; rien n'aurait fait connaître une détérioration de la ligne.

Nous vîmes se succéder d'énormes trains qui remontaient vers Paris; plusieurs locomotives attelées au même train emmenaient jusqu'à soixante-dix wagons chargés du matériel des gares. Ce mouvement était incessant; on voyait que le vide se faisait dans tous les lieux que nous allions traverser.

Enfin, vers quatre heures du matin, nous arrivâmes à Frouard. Cette gare, ordinairement si animée, était déserte. Le personnel était parti, il ne restait pas un wagon; deux cadavres de chevaux attestaient que les uhlans éclaireurs avaient rencontré une résistance devant laquelle ils avaient rétrogradé sur Nancy. En effet, la veille, des cavaliers allemands s'étaient présentés à la gare; quelques hommes d'infanterie du corps de Mac-Mahon s'y étaient abrités, et, en voyant l'ennemi, ils firent feu et tuèrent les deux chevaux que nous avons trouvés.

Les quelques instants que nous passons à Frouard sont consacrés à examiner cette magnifique position naturelle, que peu de travaux auraient rendue inexpugnable. Sur les côtés, en face, sont des hauteurs difficiles à franchir, qui dominent les vallées de la Meurthe et de la Moselle. Routes, chemins de fer, canal, rivière, toutes les voies de communication traversent ce point stratégique, et tout naturellement il vient à l'esprit de chacun que là devait être tenté le suprême effort pour barrer le passage à l'ennemi dans la direction de la capitale. Aucune place forte ne se trouve dans une position naturelle meilleure que Frouard, et, en voyant ce point si important délaissé comme il l'a été, on se demande s'il y a eu, chez nos chefs spéciaux, imprévoyance, incapacité ou présomption. Mais nous n'avions rien fait pour entretenir nos places fortes des frontières dans un état de défense, rien surtout pour les mettre à l'abri de l'action de la nouvelle artillerie; à plus forte raison ne devions-nous pas penser à créer des fortifications nouvelles, même dans le seul point où elles eussent été efficaces. Nous étions si aveuglés par je ne sais quelle fanfaronne vanité, que les choses les plus élémentaires nous échappaient; nous nous abandonnions au hasard, pour ainsi dire, sans rien faire pour préparer le succès.

La ligne principale de l'Allemagne à Paris était donc ouverte à l'ennemi. C'était vers Metz que se concentrait tout notre espoir, mais déjà il était amoindri, et nous sentions qu'il n'y avait pas trop, sur ce point, de toutes les forces dont nous disposions pour agir énergiquement. Si, au moins, les troupes que nous laissions en arrière avaient encore le temps d'arriver!

La gare de Pont-à-Mousson évacuée, les uhlans y ont fait la veille une apparition en nombre. Le général Margueritte les a poursuivis avec les chasseurs d'Afrique, en a pris ou tué une trentaine, et nous a débarrassés, pour le moment, de ces audacieux éclaireurs.

Sur le parcours jusqu'à Metz, nous trouvons les ponts sur la Moselle intacts, et cependant l'ennemi est à quelques lieues sur la rive droite. Il faut que nous soyons bien sûrs de nous pour négliger des moyens de protection aussi simples que la destruction des ponts. Nous le saurons bientôt, car nous arrivons à Metz, où la gare est encombrée jusqu'à trois à quatre kilomètres de la ville.

Nous allons entrer dans une phase nouvelle de la campagne; une grande partie est sur le point de s'engager; nous avons réuni nos forces à cet effet. Un nouveau plan de campagne est préparé, mais, hélas! il consiste dans une reculade; nous n'avons plus pour objectif la protection de nos frontières, nous n'avons en vue que la préservation de notre capitale, et vraisemblablement la possibilité de nous porter en arrière nous sera même disputée; nous allons entrer dans une période d'action générale. Toutes nos forces disponibles sont réunies; mais il est probable que, de la part de l'ennemi, nous rencontrerons les efforts les plus énergiques pour nous disputer le passage, car il sait que sa marche sur la capitale est subordonnée aux dispositions nouvelles qui vont être prises par notre armée.

BORNY[1]. — REZONVILLE OU GRAVELOTTE[2]. SAINT-PRIVAT-LA-MONTAGNE[3].

Le 13, dans la matinée, le dernier convoi amenant le 6e corps entrait à Metz; les troupes déjà arrivées bivouaquaient sur les deux rives du chemin de fer entre Montigny et Metz; les autres corps étaient installés depuis plusieurs jours sur la rive droite de la Moselle, dans les villages qui entourent Metz entre le fort Saint-Julien et le fort Queuleu. Cette concentration de toutes nos forces préludait au mouvement général de départ, et déjà le convoi, les bagages commençaient leur mouvement à travers la ville pour aller se masser sur la rive gauche

1. Appelé par les Prussiens PANGE.
2. Appelé par les Prussiens MARS-LA-TOUR.
3. Appelé par les Prussiens GRAVELOTTE.

de la Moselle, au Ban-Saint-Martin et sur les places de l'intérieur de la ville.

L'agitation qui régnait alors dans cette place forte est quelque chose d'indescriptible, c'était un tohu-bohu indéfinissable; des voitures de toutes sortes se pressaient dans les rues étroites et surtout aux ponts-levis qui ne permettent que le passage pour une voiture; le bruit, les cris, le pêle-mêle étaient une preuve trop grande du défaut d'ordre et du laisser-aller, et déjà on devait se demander ce que deviendraient tous ces embarras si la route nous était disputée.

La journée du 14 est encore plus mouvementée; par toutes les portes de la ville entrent ou sortent ces interminables files de voitures; les ponts sont encombrés comme les rues. L'heure du départ de chaque corps est fixée pour le lendemain.

Vers une heure, l'Empereur quitte la préfecture pour aller à Longeville, à quelques kilomètres seulement de Metz.

L'armée avait aussi commencé son mouvement le 14 pour passer sur la rive gauche de la Moselle, à l'aide de trois ponts de bateaux. Le 4e corps était déjà en marche, quand le 3e fut vigoureusement attaqué vers quatre heures de l'après-midi. Il se défendit avec énergie contre des forces de beaucoup supérieures, jusqu'au retour du 4ᵉ corps qui ne se trouvait heureusement pas éloigné du théâtre de la lutte. Ce surcroît de troupes donna une nouvelle vigueur à l'action ; de part et d'autre on se battit avec acharnement, et à la nuit nous restions maîtres du champ de bataille de Borny et pouvions effectuer notre passage de la Moselle sans être inquiétés par l'ennemi.

Pendant toute la nuit, Metz, déjà si encombré de voitures, vit circuler de longues files de mulets qui amenaient, sur des cacolets et des litières, les blessés de cette courte, mais brillante affaire.

La caserne du génie, qui était transformée en hôpital, les reçut tous. J'y passai la nuit, et, dans ma conversation avec les blessés, j'acquis la certitude qu'il n'y avait pas de doute à avoir sur le résultat de la journée ; il est, en effet, à remarquer que, quand une affaire nous a été favorable, les blessés eux-mêmes ont une expression de satisfaction qui contraste avec leur mal ; ils l'oublient pour se réjouir en quelque sorte du succès ; au contraire, quand une affaire est malheureuse, les blessés sont tristes et abattus.

Cette journée de Borny nous a malheureusement

privés des lumières d'un chef expérimenté, le général Decaen, qui commandait le 3e corps. Il est mort des suites d'une blessure au genou.

Il a été remplacé dans son commandement par le maréchal Lebœuf.

Le 15, à quatre heures du matin, nous étions à cheval, mais à sept heures nous étions à peine hors ville, tant l'obstruction était complète à la porte de France et dans toutes les rues qui y conduisent. A mesure qu'elles passaient, les voitures suivaient la route de Longeville; les troupes avaient campé sur les deux rives de la Moselle, jusqu'à Moulins où était le 2e corps; le 6e passait sur le pont du chemin de fer qui conduit entre Longeville et Moulins; les 3e et 4e, après avoir franchi la rivière sur les ponts de bateaux, s'étaient portés dans la direction de Woippy; la garde était établie dans les prairies à gauche de la route de Longeville à Moulins. Les environs de Metz étaient ainsi dépourvus de troupes. La division de Lavaucoupet, du 2e corps, avait été laissée dans la ville.

A notre passage à Longeville, l'Empereur n'avait pas encore quitté la maison dans laquelle il avait passé la nuit; il était huit heures. L'avant-garde de la colonne était tenue par le 2e corps qui se trouvait à Moulins, le 6e venait après, puis le 3e, le 4e et la garde.

La route de Longeville à Moulins est très-découverte ; sur notre gauche nous distinguions les hauteurs de Montigny, occupées par l'ennemi, et nous ne doutions pas que des obus ne dussent nous être envoyés pour jeter du trouble dans notre marche. En effet, une batterie de campagne fut établie au-dessus de Montigny, et le premier projectile lancé frappa malheureusement au milieu d'un groupe où se trouvait le colonel Ardand du Pic, du 10e de ligne (6e corps), et le tua, ainsi qu'un chef de bataillon et un capitaine qui se trouvaient présents ; quelques obus furent envoyés successivement. Le fort Saint-Quentin, qui domine toute la contrée, riposta et fit de suite cesser ce feu, qui menaçait d'être fort incommode pour notre colonne en marche.

Enfin nous sommes en route. Il faut avoir vu une armée en marche pour se faire une idée de tout ce qu'elle traîne après elle de voitures de toutes sortes. Les chariots de l'État, bien attelés, généralement surveillés, marchent assez régulièrement, mais les voitures de réquisitions, chargées des vivres, attelées avec ce que l'on peut trouver de moins bon en chevaux, sont une cause de difficultés et de retards incessants; pour un accident toute la colonne est arrêtée, quelquefois sur des pentes, dans des ornières, à côté des ravins. On marche vingt pas, on s'arrête de nouveau et toujours ainsi, et la journée se passe sans que l'on ait fait beaucoup de chemin; aussi voit-on souvent les convois défiler pendant toute la nuit, heureux encore quand l'infanterie et la cavalerie peuvent cheminer sur les côtés des routes, dans les terres cultivées, et n'être pas arrêtées dans leur marche par les embarras du convoi.

Nous arrivons ainsi à Gravelotte; le général Frossard y était vers neuf heures avec son corps d'armée; il continua sa marche sur Vionville, distant de trois à quatre kilomètres. Le 6e corps suivait; son étape était à Rezonville, où il n'arrivait que vers six heures du soir.

Notre interminable convoi allait encore nous susciter de nouveaux embarras. A l'extrémité du village de Gravelotte existe un entre-croisement de routes : celle de Metz à Verdun, par Mars-la-Tour, est coupée par une autre qui conduit, à gauche, à Ars, par le ravin d'Ars, et, à droite, à Verdun, par Étain; les 3e, 4e corps et la garde devaient suivre cette route. Il importait donc qu'il n'y eût pas de confusion dans les bagages de ces corps, qui auraient pu suivre le mouvement par la route de Mars-la-Tour ; mais les prévisions ne s'étaient pas étendues jusque-là. Aussi, dans notre longue station à l'embranchement des routes, nous vîmes les bagages de tous les corps suivre la ligne droite, dans la direction de Rezonville. Pour éviter les embarras qui devaient résulter de cette fausse route, le commandant du 6e corps, qui surveillait le passage de ses troupes, fit apposter des officiers de son état-major, avec ordre de donner à chacun sa direction. Un poteau indicateur, avec des caractères lisibles de loin, eût prévenu toute confusion ; faire connaître aux hommes le chemin qu'ils doivent suivre est tout ce qu'il y a de plus élémentaire.

L'Empereur à cheval, accompagné de son fils, arriva dans l'après-midi au milieu du convoi qui se rangeait le mieux possible pour le passage du cortége impérial ; les nombreuses voitures qui le composaient amenèrent de nouvelles difficultés, à la bifurcation de la route, car elles stationnaient sur ce point même, devant la maison qui avait été choisie pour la résidence impériale.

C'était un triste spectacle que celui du cortége

impérial au milieu du tohu-bohu du convoi. Ce n'était pas la place du souverain ; cela seul suffisait pour caractériser le désordre qui régnait partout et dont nous devions le lendemain constater les effets.

Le 3e corps et la garde arrivèrent successivement jusqu'à une heure avancée de la nuit; le 4e fut, paraît-il, entravé dans sa marche et obligé de prendre son bivouac sur la route. Le 6e corps campait à Rezonville, à la droite du 2e, dont il était seulement séparé par la route bordée de peupliers qui conduit de Rezonville à Vionville.

Le 16, à quatre heures du matin, nous étions debout attendant à chaque instant l'ordre du départ. Nous étions convaincus que le succès de notre marche sur Verdun consistait surtout dans la rapidité du mouvement, et nous avions, avec chagrin, constaté les lenteurs de notre première journée de route. Le maréchal Canrobert avait son cheval sellé et attendait impatiemment un ordre; il avait prévenu officieusement le 6e corps d'être prêt au premier signal; mais les heures se passaient et nous ne quittions pas nos positions. Que signifiait ce retard? nous ne le comprenions pas. Bientôt des paysans vinrent prévenir le maire de Rezonville qu'ils avaient vu à Gorze des troupes prussiennes dont ils portaient le nombre à 5 ou 6,000; on leur offrit de retourner pour s'assurer si de nouvelles troupes passaient par le même point; ils acceptèrent, mais ne revinrent pas avant le commencement de la lutte. Depuis cinq heures nous attendions des ordres quand les premiers obus prussiens furent lancés sur la division de cavalerie.

Les deux routes de Metz à Verdun avaient déjà été parcourues par nos divisions de cavalerie; la division Forton éclairait la route par Mars-la-Tour; la division du Barrail, la route par Étain; ni l'une ni l'autre n'avait encore signalé la présence de l'ennemi sur notre passage. La division Forton était à Vionville; elle y fut surprise et obligée de se replier à la hâte, abandonnant même des bagages d'officiers. Mais déjà le bruit s'était répandu dans le camp que des forces prussiennes occupaient le village de Gorze, que pendant toute la nuit des troupes avaient passé sur la rive gauche de la Moselle par le pont de Novéant, et que probablement l'intention du commandant de l'armée ennemie était de se mettre à cheval sur nos communications avec Verdun. Fondés ou non, ces bruits étaient de nature à éveiller l'attention et à faire prendre des dispositions pour parer à toutes les éventualités.

L'emplacement des différents corps dans la nuit du 15 au 16 avait été tracé de la manière suivante : 2e corps, Vionville; 6e corps, Rezonville; 3e corps, Saint-Marcel et Verneville; 4e corps, Doncourt-les-Conflans; la garde, en réserve à Gravelotte; la division de Forton à Vionville, et celle du général du Barrail à Jarny.

Telle était la situation des troupes, sauf une exception sur laquelle nous reviendrons, quand, à neuf heures et demie du matin, les grand'gardes de cavalerie signalèrent l'approche de l'ennemi, que les obus nous signalaient déjà fort bruyamment. Aussitôt nous voyons déboucher dans le village de Rezonville des chevaux échappés, non bridés, avec la selle sous le ventre, qui jettent l'effroi au milieu des rues encombrées du village; beaucoup de soldats y sont venus chercher de l'eau qu'ils ne trouvent pas dans leurs camps, tous retournent en courant à leurs compagnies, car déjà la canonnade est des plus vives de la part de l'assaillant.

Dans la partie que nous occupons, le pays est très-découvert; les ondulations du terrain déterminent des crêtes peu élevées et des ravines dont l'inclinaison générale est dirigée vers la rive gauche de la Moselle, en aboutissant à des gorges profondes qui débouchent d'un coté sur Ars et de l'autre sur Novéant, par Gorze. De ce côté, le pays est extrêmement boisé, les bois s'étendent jusque dans les ravins profonds des bords de la Moselle et le plateau est lui-même couvert de nombreux bois qui enveloppent le terrain découvert de nos bivouacs.

C'est à la faveur de ces bois, que nous n'observions pas assez, il faut bien le reconnaître, que les Prussiens gagnèrent le village de Vionville et se répandirent, grâce encore aux dépressions de terrain, jusqu'à la hauteur du 6e corps. Ils offraient ainsi, au commencement même de l'action, leur ligne de bataille sur le front des 2e et 6e corps.

Ces corps occupaient des positions relativement moins bonnes que celles de l'ennemi. Le 2e corps avait une de ses divisions (général Bataille) sur les hauteurs près du petit village de Flavigny; la division Vergé à gauche; une brigade du 5e corps (général Lapasset) en retour à gauche pour observer les grands bois des Ognons et garder le défilé de Gorze.

Le 6e corps était placé à droite et en avant de Rezonville, faisant face au village de Vionville et couvert par ses avant-postes, abrités par les accidents de terrain; son front comprenait la division Lafont de Villers, un seul régiment de la division Bisson[1], et la division Tixier qui s'étendait à droite jusqu'au village de Saint-Marcel. La 4e division (Levassor-Sorval), placée en arrière de Rezonville, parallèlement à la route, avait pour mission d'appuyer la brigade Lapasset, du 2e corps, et de surveiller les ravins boisés qui s'étendent jusqu'à Ars et Novéant, par lesquels l'ennemi pouvait déboucher.

Les troupes furent bientôt en position de combat et soutinrent avec vigueur la première attaque, d'autant plus énergique de la part des Prussiens qu'ils avaient choisi l'emplacement de leurs batteries et qu'ils avaient, même sur les crêtes éloignées, des pièces de gros calibre. En un instant nos artilleurs occupèrent les points favorables; les tirailleurs avec leurs soutiens s'étaient portés en avant, et tous, couchés pour présenter moins de surface aux projectiles, attendaient le moment d'agir. Les bataillons étaient massés derrière l'artillerie, mais à distance et défilés autant que possible.

1. Un seul régiment de la division Bisson avait pu gagner Metz. Les trois autres régiments, ainsi que l'artillerie de réserve du 6e corps et la cavalerie, étaient restés au camp de Châlons, la rupture des communications n'ayant pas permis à ces troupes de suivre le mouvement du 6e corps.

Les bagages avaient déjà été dirigés sur Gravelotte pour laisser libre ce champ de bataille qui, par l'intensité de l'action, au début, ne pouvait que s'agrandir.

Les efforts de l'ennemi se prononçant vers la droite du 6e corps, la 1re division détacha de Saint-Marcel la brigade Pechot pour occuper le bois traversé par la voie romaine, sur la droite de Vionville, et arrêta le mouvement offensif.

Mais la canonnade était très-vive sur la gauche, les décharges se répétaient sans interruption; la division Lafont de Villers, qui se maintenait énergiquement sous ce feu meurtrier, envoya la brigade Colin pour occuper la ferme de Flavigny; l'ennemi ayant voulu prononcer un mouvement offensif, le général Bisson l'arrêta avec le seul régiment de sa division (le 9e de ligne).

Ces tentatives de l'ennemi sur notre gauche indiquaient ses intentions; bientôt l'attaque se dessina plus énergiquement vers le bois des Ognons, et il devint évident que tous les efforts seraient tentés de ce côté. Ils furent si violents qu'ils firent fléchir la division Bataille, et, quand le général fut blessé, il se produisit dans ses troupes un mouvement de recul qui gagna une partie de la division Vergé; le

2e corps perdait ainsi ses positions; le 6e avait pu garder les siennes et arrêter le mouvement offensif de l'ennemi sur son front.

Pendant ce temps, la garde, qui était en arrière, à Gravelotte, avait reçu ordre de se porter sur le lieu de la bataille. Elle y arriva au moment où le 2e corps, pressé par l'infanterie prussienne, opérait son mouvement rétrograde. Des lanciers furent envoyés contre cette infanterie, mais leur action fut sans effet; c'est alors que les cuirassiers de la garde firent cette charge qui restera légendaire. Formés sur trois rangs, ils s'élancèrent sur les carrés ennemis qu'ils ne purent ébranler, mais dont ils arrêtèrent la marche; c'était vraiment un spectacle majestueux et imposant que le départ de cette cavalerie; casques et cuirasses brillaient au soleil, les crinières flottaient au vent, les chevaux bondissaient et la terre tremblait sous leurs pas précipités. Je me suis rappelé en les voyant cette toile où Raffet reproduit la charge fantastique des cuirassiers à Waterloo. Hélas! de ces vaillants peu devaient revenir, cent cinquante environ; le reste de ce régiment couvrait le terrain en avant et en arrière des batteries prussiennes. S'il n'était sublime, il serait insensé, cet orgueil qui fait lancer des êtres vivants contre la mitraille. Quand le succès couronne l'entreprise, à quel prix n'est-il pas acheté! On se rappelle la charge de la cavalerie anglaise à Balaklava; celle des cuirassiers de la garde en est un digne pendant.

Au retour des débris de cette vaillante cavalerie, quelques escadrons de hussards prussiens les poursuivirent et poussèrent même jusque sur une batterie de la garde, près de laquelle se tenait le maréchal Bazaine, entouré de son état-major et de quelques hommes d'escorte; le général en chef lui-même dut mettre l'épée à la main pour sa défense personnelle.

Vers une heure, la garde prit les positions occupées par le 2ᵉ corps; la division Picard, des grenadiers, se porta en avant avec le général Bourbaki, et la division de voltigeurs, avec le général Deligny, se plaça en face du bois des Ognons. En même temps, le 6ᵉ corps détacha une brigade de la division Levassor-Sorval pour la porter sur les crêtes en face de Vionville, d'où l'ennemi cherchait à nous déloger.

Cette manœuvre fut couronnée de succès, et les Prussiens, qui avaient accumulé une artillerie bien supérieure à la nôtre en nombre et en calibre, ne purent gagner de terrain.

Le village de Rezonville était la clef de la position, il avait une importance très-grande pour les Prussiens ; aussi firent-ils converger sur ce point tous les efforts de leurs puissantes et nombreuses batteries, et essayèrent de le tourner, soit par la droite, soit par la gauche, mais nous maintînmes inébranlablement cette position.

Vers deux heures, au moment où une attaque sérieuse était dirigée contre Rezonville, l'ennemi tentait de tourner avec sa cavalerie la droite du 6e corps. Trois de ses régiments, les cuirassiers du roi et deux régiments de lanciers, ont même traversé nos lignes et nos batteries ; mais la division de Forton, qui avait été placée en arrière, appuyée au bois de Villers-aux-Bois, prit en flanc cette cavalerie, et par une charge vigoureuse lui fit éprouver de grandes pertes ; un étendard resta entre nos mains.

Jusqu'à ce moment, le 6e corps avait seul soutenu, sur la droite, les efforts réitérés de l'ennemi ; mais, vers deux heures et demie, le 3e corps prit position à droite du 6e. De ce côté, tous nouveaux efforts de l'ennemi auraient été vains ; il avait été plusieurs fois repoussé et ne paraissait plus devoir continuer la lutte.

Toute la préoccupation se portait donc sur la gauche de notre ligne ; la division Montaudon du 3e corps fut dirigée sur Gravelotte afin d'observer le débouché d'Ars. Les divisions du 2e corps, reformées, furent postées au même point avec des batteries et des mitrailleuses.

Vers quatre heures, le 4e corps entrait en ligne. Il occupait la droite du 3e corps. La division Grenier poussait l'ennemi de Saint-Marcel et Bruville vers Mars-la-Tour ; la division de Cissey appuyait ce mouvement avec la division de Clerembault, composée du 2e de chasseurs d'Afrique et une brigade de la garde (lanciers et dragons), qui rejoignaient, après avoir accompagné l'Empereur jusqu'à Étain.

Le 4e corps, dans son mouvement tournant, s'arrêta en avant de Vionville, trop fortement occupé pour être attaqué par deux divisions.

Les choses en étaient là, et la lutte paraissait devoir cesser, quand, vers cinq heures, l'ennemi, suivant son habitude, fit porter en avant sa deuxième ligne, gardée en réserve. Le feu de l'artillerie reprit avec la même intensité qu'au début de la journée et se continua pendant plus d'une heure. Les réserves s'avancèrent en masse, et une charge de cuirassiers fut tentée sur la division Lafont de Villers, au centre du 6e corps; le 93e se coucha pour la laisser passer, son drapeau et un canon furent un moment compromis; mais la cavalerie du général de Valabrègue, qui, n'ayant pas suivi le mouvement du 2e corps, était restée près de Rezonville, chargea la cavalerie prussienne et sauva le drapeau et le canon.

Les nouvelles forces ennemies reprenaient sur tout le front de bataille une attitude menaçante. Le mouvement sur notre centre ayant échoué, les ailes étaient attaquées; aussi la division Montaudon, en marche sur Gravelotte, reçut ordre de reprendre sa position au 3e corps; nos réserves de la garde vinrent renforcer les autres régiments déjà en position, et, en même temps, le général Bourbaki établit une formidable batterie d'une cinquantaine de pièces, qui dirigea sur les masses ennemies un feu terrible devant lequel elles ne purent plus tenir.

A notre extrême droite, une cavalerie prussienne, voulant tourner le 4e corps, donna lieu à un des épisodes les plus émouvants de la journée.

Le général de Ladmirault, trouvant l'occasion favorable pour employer sa nombreuse cavalerie, fit charger les escadrons prussiens en les prenant par le flanc. Ceux-ci, pris à l'improviste, reçurent la charge de pied ferme avec une remarquable énergie. La rencontre fut terrible : révolvers, mousquetons, sabres, lances, toutes les armes agissaient à la fois; c'était une mêlée inextricable au point que, pendant un moment, au milieu du tourbillon de poussière qui obscurcissait l'espace, amis et ennemis se trouvaient confondus sans se reconnaître, grâce surtout à l'analogie de nos nouveaux costumes de la cavalerie avec ceux de la cavalerie prussienne, et, quand on sonna le ralliement, chacun cherchait les siens au milieu de la confusion.

C'est dans cette brillante action que fut tué le général de division Legrand, commandant la cavalerie du 4e corps.

La nuit commençait à se faire; une nouvelle tentative fut dirigée par l'ennemi sur Rezonville; il fut encore repoussé, pendant qu'à notre gauche les décharges successives de nos mitrailleuses barraient complétement le défilé de Gorze aux nouvelles troupes prussiennes qui s'y présentaient.

Il était huit heures quand la canonnade cessa; depuis dix heures du matin les nuages de fumée qui nous enveloppaient ne s'étaient pas éclaircis[1].

1. Quelques documents allemands fournissent des renseignements incomplets, mais suffisants pour faire connaître les

Nos troupes passèrent la nuit sur le lieu où elles se trouvaient. Mais, après les émotions d'une journée aussi agitée, il est difficile de trouver du repos, surtout en face d'un ennemi entreprenant et quand la prudence commande de ne pas chercher même les jouissances des feux de bivouac, pour ne pas déceler sa présence et servir de point de mire. Et puis, que d'occupations pénibles après les journées de bataille! les blessés à recueillir, à soigner, à évacuer sur les ambulances sédentaires, c'est le côté douloureux qui se présente, mais adouci cependant quand, maître du champ de bataille, on peut retrouver les siens et les soigner. Nous avions cette grande consolation à Rezonville.

Telles sont, dans leur ensemble, les diverses

corps qui ont pris part à la bataille. De leur aveu même, les Allemands ont eu, à Rezonville, 120,000 hommes engagés. Le 3e corps, de la 2e armée, appelé de Pont-à-Mousson à Novéant, arriva le premier sur le plateau, par le défilé de Gorze. Deux divisions de cavalerie venues de Thiaucourt entrèrent en action vers midi. Le 9e corps et le 10e s'avancèrent alors par les bois; le 10e prit position à l'aile gauche, près de Bruville, et le 9e attaqua Vionville et Flavigny.

Vers quatre heures, les 7e et 8e corps, qui avaient contourné Metz et passé la Moselle à Corny et Novéant, gagnèrent les bois des Hevaux et des Ognons, mais ne purent déboucher sur le plateau.

péripéties de la bataille du 16 août, que nous appelons Rezonville, et les Prussiens Mars-la-Tour.

Quoique bien conduite pendant l'action, elle donne lieu cependant à des regrets, parce que les résultats obtenus auraient pu être complets et décisifs et qu'ils sont restés indécis.

Une circonstance a surtout pesé sur les résultats de cette journée, c'est l'impossibilité pour le 4e corps d'exécuter l'ordre de marche.

Nous avons dit que, dans la journée du 15, le 4e corps devait se trouver à Doncourt-les-Conflans, sur la route de Verdun, par Étain. Or, pour des raisons que nous ne connaissons pas, mais qui doivent résider dans l'encombrement des routes, ce corps d'armée passait la nuit du 15 au 16 à Woippy, dans la plaine de la Moselle, au pied des monts qu'il avait à gravir pour se trouver sur le plateau. Ce retard amena nécessairement celui du mouvement de l'armée, le 16 au matin, et donna à l'ennemi le temps d'accumuler ses forces en avant de Rezonville pour nous disputer le passage.

Nous étions dans la persuasion que le 16, dès l'aube, nous devions être en route, et chacun avait pris ses mesures, quoique aucun ordre n'eût encore fixé l'heure du départ. Mais le temps s'écoulait et nous étions immobilisés, sans que personne se rendît compte de ce que l'on considérait déjà comme un fait regrettable, et ce retard devait se prolonger, puisque la colonne de gauche (2e et 6e corps) avait reçu ordre de rester jusqu'à midi dans ses positions, quand, comme nous l'avons dit, l'attaque commença, vers neuf heures et demie. Il nous devenait alors difficile de continuer notre mouvement sur Verdun; tout, dès ce moment, devenait une éventualité livrée aux hasards d'une bataille, dans des conditions défavorables, parce que, en cas de retraite, il ne nous restait que Metz, avec l'impossibilité de gagner l'intérieur du pays.

Nous ne pouvons pas préjuger de ce qui serait advenu si le 4e corps, arrivé à Doncourt le 15 au soir ou dans la nuit, n'eût pas retardé le mouvement; mais il est plus que probable que l'armée française, partie de Rezonville à quatre heures du matin, par exemple, eût pu gagner en quelques heures Mars-la-Tour et continuer même sa marche au delà, avant que les têtes de colonne de l'armée prussienne débouchassent sur le plateau, en nombre suffisant pour livrer bataille. Chemin faisant, des divisions pouvaient observer les débouchés des ravins, et, autant par la route de Mars-la-Tour que par la route d'Étain, les deux colonnes se seraient trouvées avoir devancé l'ennemi et avoir devant elles l'espace. Dans le cas probable d'une attaque sur nos derrières, nous nous serions trouvés dans une position plus favorable; car, en admettant la nécessité d'une conversion pour faire face à l'ennemi, nous avions une ligne de retraite assurée sur la route que nous voulions suivre.

La liberté de cette route ne peut faire l'objet d'un doute, puisque l'Empereur, parti le 16, vers quatre heures du matin, arrivait à Verdun au milieu de la journée sans avoir rencontré de difficultés.

Si le retard dans l'arrivée du 4e corps a été préjudiciable à toute l'armée en reculant l'heure de son mouvement, il ne l'a pas été moins pendant la bataille en amoindrissant l'effectif de nos forces, car, de neuf heures et demie jusqu'à trois heures, nous avons vu les 2e, 6e corps et la garde supporter seuls les efforts réitérés de l'ennemi, dont le nombre s'accroissait à chaque instant [1].

Au début de l'action, la ligne de bataille prussienne avait sa gauche entre Vionville et Bruville;

1. Le 2e corps avait deux divisions et une brigade du 5e corps; le 6e corps avait trois divisions et un régiment seulement d'une autre division; la garde avait deux divisions.

notre droite était à Saint-Marcel ; par conséquent il nous était impossible de tenter un mouvement tournant sur la gauche ennemie, et nous devions nous borner, comme nous l'avons fait, à surveiller nos ailes et à conjurer toute attaque de front, tandis que, si le 4e corps eût été à Doncourt, dès le début de l'action, un mouvement tournant sur la gauche de l'ennemi devenait possible et facile, surtout au moment où les forces prussiennes n'étaient pas aussi nombreuses qu'elles l'ont été à la fin de la journée. Ce fait est si vrai, que vers quatre heures, au moment de l'entrée en ligne du 4e corps, le général de Ladmirault fit exécuter ce mouvement, qui rejeta la gauche ennemie sur Mars-la-Tour et fit cesser toute action sérieuse de ce côté. Ce retard compromit donc notre position dès le matin, en nous immobilisant, et, pendant la bataille, il nous fit perdre les avantages que nous aurions pu retirer d'un mouvement d'ensemble qui devait être heureux.

Quoi qu'il en soit, le résultat de la journée nous était favorable ; nous avions non-seulement gardé nos positions, mais nous nous étions même avancés, surtout à droite, et l'ennemi avait battu en retraite pour chercher un abri dans les bois qui conduisent à la rive gauche de la Moselle.

Était-il possible de profiter de cette situation pour gagner du terrain en avant, c'est-à-dire continuer notre route sur Verdun ? Je crois que oui, et cette opinion se fonde sur les raisons suivantes : il était évident que l'ennemi ne nous avait opposé, dans cette journée, qu'une partie de ses forces ; le plus grand nombre n'avait pas pu, quelle que fût la célérité déployée, traverser la Moselle et gagner les hauteurs. De notre côté, nous étions massés et compactes, marchant sur deux colonnes par deux routes, dont l'une, celle de droite, était certainement libre; l'ennemi était, de plus, fort impressionné des résultats d'une bataille dans laquelle il avait perdu beaucoup de monde, et il ne pouvait pas être en mesure de continuer la lutte sur le même terrain. Nous n'en avions pas, il est vrai, la preuve certaine, mais toutes les probabilités étaient pour nous, et, dans tous les cas, partis avec un but déterminé, nous n'aurions pas dû nous laisser arrêter, dès le premier jour, par une éventualité que rien ne justifiait non plus absolument. Nous aurions donc pu, sinon dans la nuit du 16 au 17, au moins le 17 au matin, continuer notre marche sur Verdun. Des renseignements, qui nous ont été fournis plus tard par des officiers prussiens, en position de bien savoir, établissent pleinement que toutes les chances auraient été pour nous. Lors de la remise des prisonniers, après la capitulation de Metz, un chef d'état-major disait : « Nous avions de grandes inquiétudes dans la nuit du 16 au 17, nous nous attendions à vous voir poursuivre votre route et nous n'étions pas en mesure de combattre; nous aurions dû céder devant une simple division, toutes nos troupes avaient été engagées et nos réserves n'ont commencé à arriver que dans la soirée du 17. »

Je sais que notre gauche était menacée par les troupes du général Steinmetz, qui cherchaient à déboucher par le ravin d'Ars et à intercepter nos communications avec Metz; cette raison devait nous commander la prudence, mais il nous importait beaucoup moins d'avoir des troupes ennemies derrière nous que de les avoir devant, et il était possible de surveiller les débouchés des ravins assez longtemps pour permettre aux colonnes et au convoi de gagner du terrain.

Je sais encore que nous avions peu de vivres et surtout peu de munitions, que plus des deux tiers de celles-ci avaient été épuisés dans la journée du 16, que nos pièces de 4 surtout étaient presque dépourvues. Il est regrettable que nous nous soyons mis en route avec des vivres insuffisants, plus regrettable encore que nous ayons été arrêtés après la première journée pour cette raison. Nous étions cependant suivis par un convoi nombreux, qui ne devait porter autre chose que des vivres et des munitions ; mais il n'avait presque rien, paraît-il, puisque la ville de Metz, fort peu approvisionnée elle-même, ne pouvait disposer que de 800,000 cartouches et que l'établissement de pyrotechnie n'avait rien de ce qu'il fallait pour en confectionner d'autres. Néanmoins, ce n'était pas une raison pour rester en place ; il faut manger en station comme en marche, et il était certain que, restant sur les positions que nous occupions ou dans les environs, nous ne tarderions pas à avoir une nouvelle bataille, plus terrible que la première, parce que l'ennemi aurait accumulé toutes ses forces pour une affaire décisive.

On a dit que la position de Fresnes, en avant de Verdun, était solidement occupée par l'ennemi et que, là, nous aurions à livrer une nouvelle bataille. Il fallait en effet s'y attendre. L'ennemi, maître de Pont-à-Mousson et de tout le pays environnant, ne devait pas manquer de profiter de toutes les routes qui convergent à Fresnes, pour accumuler des forces sur ce point; une bataille devait y être prévue, mais cette prévision n'était pas une raison pour renoncer au projet de porter l'armée à Verdun le plus promptement possible. Si la colonne de gauche devait avoir un choc à supporter, la colonne de droite, suivant la route d'Étain, était en position de soutenir avantageusement sa voisine et de mettre l'ennemi dans une position difficile, menacé sur son flanc gauche. Quelles que fussent les dispositions de l'ennemi, elles ne pouvaient pas être une raison pour entraver notre marche sans essayer de surmonter les obstacles.

Enfin, une raison, qui a malheureusement une grande importance, était celle de l'évacuation sur Metz de nos blessés. Pendant la journée du 16, on avait dirigé sur la ville tous les blessés, à mesure qu'ils étaient pansés dans les ambulances; le mouvement s'est continué pendant toute la nuit; mais, le 17, il en restait encore beaucoup, et le soin délicat de les recueillir, de les panser a absorbé toute la journée. Quelques ambulances dans les villages de Vionville, de Rezonville, sont même restées aux mains des Prussiens, faute de moyens de transport pour les blessés.

Toutes ces raisons réunies ont inspiré la pensée de modifier les dispositions prises pour porter l'armée sur Verdun, mais elles n'avaient certainement pas la valeur qu'on leur a attribuée. Dans notre appréciation comme dans celle de beaucoup d'autres personnes plus compétentes que nous, il eût fallu des motifs plus puissants pour renoncer à un projet bien conçu, bien préparé, et de l'exécution duquel dépendait le succès de toutes les opérations ultérieures.

Ces réflexions nous conduisent à d'autres, relativement aux faits des jours précédents.

Le 11 août, toute l'armée (moins le 6e corps, qui n'a commencé à arriver que le 12 et n'a jamais pu être complétement réuni) était groupée sur la rive droite de la Moselle. Le 12 ou le 13 au plus tard, elle pouvait, sinon passer tout entière sur la rive gauche, au moins détacher deux corps d'armée qui auraient, de suite, occupé le plateau et pris position au débouché des ravins d'Ars et de Gorze. Notre interminable convoi, au lieu d'obstruer toutes les rues de la ville et les routes pendant la journée du 15, eût pu s'écouler insensiblement, sous la protection des corps d'avant-garde, et permettre ainsi au reste de l'armée de marcher résolûment le 14 jusqu'à Mars-la-Tour, c'était une étape de vingt-huit à trente kilomètres, et se porter le 15 sur Verdun ou au moins jusqu'à une station rapprochée de cette ville, au delà de la position de Fresnes. Étant reconnue la nécessité d'abandonner la ligne de la Moselle, l'important était, en effet, de gagner de vitesse pour nous porter sur la Meuse; au lieu de cela, nous avons perdu trois jours en je ne sais quelles occupations, quelles indécisions. La remise du commandement au maréchal Bazaine n'était pas encore entière et effective, et nous dépensions, en hésitations, des vivres qui nous faisaient déjà défaut.

A cette époque nous aurions trouvé les routes de Verdun libres. M. l'intendant Vigo Roussillon, envoyé par le commandant du 6e corps pour préparer les vivres à Verdun, a quitté, seul, Metz, le 14 vers midi, et il est arrivé le jour même à Verdun sans avoir rencontré un uhlan sur sa route; aucun n'était même signalé par les habitants. Mais nos lenteurs ont préparé tout le mal; le 14 seulement, les bagages, le convoi, traversaient Metz, amenant partout l'encombrement; les troupes passaient la Moselle sur trois ponts de bateaux, insuffisants pour un passage rapide; nous avions, dans l'après-midi, la bataille de Borny; le lendemain nous nous portions tous sur la route de Verdun, ayant commis la faute de laisser subsister les ponts d'Ars, de Novéant, par lesquels l'ennemi trouvait un passage tout fait pour nous précéder sur le plateau. Il avait, à cet effet, employé tout le temps que nous lui avions laissé depuis la nuit du 14 au 15 jusqu'au 16 au matin. C'est ainsi que nous préludions aux douloureux événements qui se sont déroulés successivement et nous ont conduits, par une série de fautes, à cette terrible situation qui annihilait la vaillance de notre belle armée.

Mais revenons à Rezonville, où nous sommes encore pleins d'espoir.

Le 17 au matin, ce village était occupé par le 100e de ligne qui l'avait mis en état de défense, c'est-à-dire que des barricades existaient au débouché des rues, et que les maisons étaient crénelées. On s'attendait à un retour offensif de l'ennemi. Pendant toute la nuit, ce malheureux village fut parcouru par les habitants éplorés, fuyant leurs demeures en emportant sur des chariots et à dos d'homme tous les objets de quelque valeur; les femmes, les enfants poussaient des gémissements plaintifs; les bêtes des fermes, sorties de leurs étables et effrayées de ce bruit inaccoutumé, couraient affolées par les rues;

c'était la ruine pour ces malheureux, c'était pour beaucoup la mort par la terreur autant que la mort par les privations qui allaient suivre. Ah! que cette page de la guerre est lugubre, et combien ceux qui la décident devraient avoir de responsabilité, non-seulement devant l'histoire, mais devant l'humanité! Qu'ont fait ces pauvres gens paisibles des campagnes aux orgueilleux souverains qui, par ambition dynastique, par ambition de race, par amour des conquêtes brutales, viennent semer la ruine et la mort sans souci des lois humaines et divines? Il serait temps vraiment que la civilisation fît respecter les droits de chacun et que les peuples comprissent que ce n'est pas devant la volonté absolue d'un chef qu'il faut s'incliner, mais devant les sentiments de confraternité générale qui font de la grande famille humaine un tout respectable ne pouvant être ni responsable ni victime de l'ambition des souverains. Pour qui a vu le triste spectacle de ces populations fuyant devant la guerre, il y a matière à de sérieuses réflexions. Je n'oublierai jamais les impressions pénibles, douloureuses, que j'ai éprouvées devant le lugubre tableau que j'ai eu sous les yeux à Rezonville, comme dans beaucoup d'autres localités, durant cette guerre, et ce n'est qu'une très-faible partie des maux qu'elle nous vaut.

L'ordre de marche portait que les différents corps de l'armée occuperaient des positions depuis Rozerieulles, à gauche, jusqu'à Saint-Privat, à droite. Le 6e corps, qui devait être d'abord à Verneville, ne put y rester, à cause des désavantages de la position, et sur la demande de son chef il fut envoyé à Saint-Privat-la-Montagne. La garde était en réserve sur les hauteurs de Plappeville; le 4e corps était à Amanvillers. Nous formions ainsi un vaste demi-cercle dans une position forte, rendue meilleure encore par des ouvrages exécutés à la hâte sur l'initiative des chefs de corps d'armée.

Pendant que ce mouvement de flanc sur la droite de l'armée s'opérait, je suivis le convoi qui se dirigeait sur Metz, emportant le plus grand nombre possible de nos blessés. La garde allait prendre position en arrière des lignes. A l'embranchement des routes d'Étain et de Rezonville, nous fûmes longtemps arrêtés par les nombreuses voitures d'ambulance qui avaient chargé des blessés, réunis à la ferme de Mogador. De là, je vis une épaisse fumée qui s'élevait dans l'espace ; c'étaient des vivres de toutes sortes que l'on brûlait, parce qu'on ne pouvait les emporter. Aussitôt des soldats du train, des artilleurs, se précipitèrent pour soustraire aux flammes ces précieuses denrées, et rapportèrent, celui-ci un sac de café ou de riz, celui-là des pains de sucre qui devaient au moins profiter à quelques-uns, et le tout était transporté sur les caissons d'artillerie ou sur les voitures du train. On avait dû vider des voitures du convoi pour transporter les blessés, et on n'avait pas trouvé mieux que d'incendier les chargements. Devant cet acte, il ne semblait vraiment pas que nous fussions mal pourvus en vivres.

Nous cheminâmes ainsi dans un ordre douteux, jusque sur les hauteurs de Plappeville ; les blessés avaient suivi la route directe jusqu'à Metz. Il me tardait de rejoindre le 6e corps, et je repris la route d'Amanvillers, par les bois de Chatel-Saint-Germain. Chemin faisant, je rencontrai le régiment de carabiniers qui se croisait avec l'équipage de ponts, se rendant, lui aussi, sur les hauteurs de Plappeville.

L'armée prussienne, dans la situation précaire où elle se trouvait le 17, avait dû voir avec grande joie notre mouvement de flanc dans la direction de Briey ; nous l'avions à peine commencé, que nous constations, sur la crête d'horizon, à la hauteur de Vionville, un mouvement de l'ennemi, parallèle au nôtre, exprimant ainsi son projet de se mettre en avant de nous, même sur la route de Verdun par Étain.

Vers une heure après midi, notre arrière-garde s'était portée de Rezonville sur Gravelotte, sans être inquiétée; nous laissions derrière nous dans le village de Rezonville, et dans des maisons, un certain nombre de blessés, que nous n'avions pas enlevés, faute de moyens de transport, abandon toujours douloureux, et auquel il ne faudrait se résoudre que bien exceptionnellement. Nous avions quitté complétement le champ de bataille de la veille, presque comme des vaincus, et déjà, dans la soirée, les Prussiens venaient prendre possession du village de Gravelotte qu'ils étudiaient, pour en tirer parti dans la nouvelle bataille qu'ils méditaient déjà.

En évacuant Gravelotte dans la journée, nous avions laissé, dans la ferme de Mogador, située sur un point culminant, à l'extrémité du village, environ 250 blessés, auxquels se joignirent encore d'autres malheureux groupés dans des maisons voisines; quelques médecins militaires étaient restés avec eux, comme d'autres étaient restés à Vionville et à

Rezonville. L'un d'eux fait connaître en ces termes, dans un rapport qu'il m'adressait, l'importance que les Prussiens attachaient à la possession du point stratégique de la ferme de Mogador :

« ..... J'avais parmi mes blessés des officiers prussiens, entre autres un chef d'escadron de cuirassiers du régiment du roi. Des uhlans suivirent de près le départ de nos dernières troupes de Gravelotte. Le chef d'escadron fit parvenir un mot au chef des uhlans, qui entra seul dans l'ambulance et s'empara des quelques voitures qui s'y trouvaient pour transporter tous les blessés prussiens ; mais un nombre égal de voitures nous fut rendu, une heure après, avec des témoignages de reconnaissance pour les soins dont les blessés prussiens étaient l'objet.

« Vers sept heures et demie, le commandant des uhlans m'engagea à évacuer mes blessés, le plus tôt possible, sur Rezonville ; je lui objectai que je n'avais pas assez de moyens de transport, que la nuit arrivait, et que beaucoup de mes blessés étaient difficilement transportables ; il en parut affecté ; il craignait qu'il leur arrivât malheur, et me fit assez comprendre que la position que j'occupais pouvait être, le lendemain, le théâtre d'une nouvelle bataille, et qu'il serait bien difficile de protéger l'ambulance.

« Dans la nuit, je reçus des moyens de transport, et pus diriger, non pas sur Rezonville, mais sur Metz, tous mes blessés; des voitures de l'Internationale partirent de Metz à deux heures du matin et vinrent chercher les derniers blessés.

« Au moment de notre départ, les troupes prussiennes massées sur le champ de bataille de Rezonville déployaient déjà leurs lignes; nous arrivions à Metz, quand le canon se fit entendre. »

La position de Gravelotte était, en effet, des plus favorables : elle protégeait le débouché du ravin d'Ars, que nous n'observions plus, et par où s'avançaient, comme par le ravin de Gorze, les masses ennemies qui se préparaient à nous livrer une nouvelle bataille.

Le 18, les positions de l'armée française étaient entre Rozerieulles et Saint-Privat-la-Montagne, en passant par Amanvillers. La gauche (2e corps) allait de Jussy à Chatel-Saint-Germain; le 3e, de la ferme de Moscou à Montigny-la-Grange; le 4e avait son centre à Amanvillers, et le 6e occupait Saint-Privat-la-Montagne, avec sa droite à Roncourt. La garde était en arrière, à Plappeville.

Dès le matin, toutes les voitures régimentaires avaient été envoyées à Metz, pour en rapporter des vivres et des munitions; malheureusement elles n'étaient pas rentrées quand commença la bataille.

Devant nous, le terrain est ondulé; les bois qui le couvrent sont très-rapprochés et paraissent se continuer sans interruption ; les Prussiens en ont profité pour masser toutes leurs forces ; nos bivouacs, au contraire, sont à découvert. Quelques cours d'eau couvrent notre front, et les villages de Verneville, Habouville, Saint-Ail, Sainte-Marie-aux-Chênes, Roncourt, se montrent à quelques kilomètres de nos avant-postes.

Avant le jour, des reconnaissances de cavalerie avaient parcouru la lisière des bois et les villages environnants; ils avaient signalé la présence de nombreux éclaireurs prussiens et d'escadrons de uhlans; un de ces uhlans, Saxon d'origine, fut fait prisonnier, près du village de Roncourt, et aux renseignements qui lui étaient demandés il répondait qu'il ne pouvait en donner aucun, attendu que, depuis Mayence, il n'avait pas vu son corps d'armée; il sait cependant que, près des escadrons d'éclaireurs, vient toujours une force constituée, et, pour lui, l'armée prussienne n'est pas éloignée; des paysans, venus au quartier général du 6e corps, annoncent que les bois sont garnis de troupes, dont le nombre augmente depuis la veille au soir, et que l'ennemi n'a fait aucun feu de bivouac pour ne pas trahir sa présence. Au moment où ces renseignements parvenaient au 6e corps, des dispositions avaient déjà été prises par le maréchal Canrobert pour conduire les chevaux à l'abreuvoir. Le plateau étant dépourvu d'eau, il fallait gagner la rivière l'Orne pour abreuver les bêtes, et, vu la distance, cette opération ne pouvait se faire qu'avec des forces suffisantes; il avait, en conséquence, été ordonné que plusieurs colonnes, composées d'infanterie, cavalerie et artillerie, iraient successivement et en ordre de bataille à l'abreuvoir; mais nous n'eûmes pas le temps d'exécuter cet ordre. Vers onze heures, nous entendîmes les premiers coups de canon tirés par les Prussiens.

L'attaque se prononça d'abord sur le 3e corps, échelonné entre Chatel-Saint-Germain et Montigny-la-Grange; elle débuta par une canonnade très-vive, partie des batteries du bois des Génivaux; ces batteries, attaquées avec succès d'abord par la division Grenier, furent secourues par des soutiens d'infanterie et bientôt par une artillerie puissante qui fit le plus grand mal à une batterie que nous nous étions hâtés d'établir à la ferme de Champenois.

Le mouvement de l'ennemi se prononça de plus en plus sur notre droite, à mesure que ses renforts arrivèrent par le ravin d'Ars et les bois de Vaux. L'action fut bientôt très-vive devant le 4e corps, où la divison de Cissey lutta avec une grande vigueur et conserva ses positions malgré un feu écrasant.

La division de Lorencez, placée à la ferme Saint-Vincent, se porta en avant jusqu'à Amanvillers, et vint prendre position dans une ferme entourée de vergers, mise à la hâte en état de défense. Pendant ce temps la canonnade augmentait et se rapprochait. Des batteries prussiennes se dressaient partout; les projectiles arrivaient de face et de flanc, et nos munitions s'épuisaient.

Le 6e corps, placé à l'extrême droite, était en situation d'être tourné et il avait adopté des dispositions qui pouvaient le mettre à l'abri de cette éventualité. La 1re division, en refusant son aile droite, faisait face à la forêt de Jaumont et avait sa gauche à Roncourt; les 2e et 3e divisions étaient sur le même front entre Roncourt et Saint-Privat, surveillant la rivière l'Orne; la 4e division faisait face aux villages d'Habouville et de Saint-Ail, la droite à hauteur de Saint-Privat et la gauche se reliant au 4ᵉ corps.

Vers une heure, la canonnade, déjà si vive sur le 4ᵉ corps, s'étendit à la 4ᵉ division du 6ᵉ; le 94ᵉ, de la brigade Colin, fut chargé d'occuper le village de Sainte-Marie-aux-Chênes, dans le but d'empêcher l'ennemi d'opérer le mouvement tournant qu'il dessinait sur notre droite, et la division Tixier quitta Roncourt pour venir appuyer la 1ʳᵉ division du 4ᵉ corps, qui se reliait au 6ᵉ.

Le village de Saint-Privat, dans sa position dominante, était devenu l'objectif de l'ennemi. Il dirigeait contre lui une vigoureuse action d'artillerie, qui prit bientôt sur la nôtre une supériorité d'autant plus écrasante que nous n'avions à opposer qu'un nombre beaucoup moindre de bouches à feu d'un calibre plus faible et fort mal approvisionnées.

Le village de Sainte-Marie-aux-Chênes dut être abandonné après une résistance opiniâtre. Cette circonstance permit à l'ennemi de prononcer davantage son mouvement tournant par le village de Roncourt; mais la brigade Pechot, venue pour renforcer la division Lafont de Villers, conjura d'abord le mouvement de l'ennemi et l'obligea même à rétrograder.

En même temps, la division de cavalerie du Barrail, placée entre Saint-Privat et Roncourt, fit des démonstrations offensives qui aidèrent puissamment le seul régiment de la 2e division à maintenir l'ennemi en avant de Roncourt.

Il était environ six heures; nous vîmes alors en face du 4e corps une épaisse colonne de poussière qui s'élevait au-dessus des bois et qui s'avançait vers Saint-Privat; cette poussière ne pouvait être produite que par l'artillerie au galop. Chacun de nous comprenait que nous allions recevoir le choc du dernier moment, selon la tactique prussienne.

En effet, cette artillerie ne tarda pas à être en batterie à la hauteur de la droite du 4e corps, se reliant avec la gauche du 6e. De formidables détonations se firent entendre sans interruption ; c'était un bruit étrange de sifflements aigus produits par les obus et leurs éclats; la terre était labourée dans tous les sens par les projectiles, et nos soldats n'avaient presque plus de munitions. La gauche du 6e corps fit alors un mouvement rétrograde qui s'accentua successivement. Cependant, la droite, conduite par son chef, marcha résolûment sur le village même de Saint-Privat, que de fortes colonnes ennemies cherchaient à enlever, et elles furent victorieusement repoussées avec des pertes considérables. L'artillerie prussienne dirigea alors le tir de ses pièces sur le village même, qui, en un instant, prit feu sur plusieurs points. Trois de nos batteries essayèrent de s'établir pour y répondre, mais ne purent y parvenir, et, comme il devenait impossible de se maintenir dans cette position, la retraite fut ordonnée; elle se fit par échelons, la droite appuyée par le 100ᵉ de ligne et les mouvements de la cavalerie des généraux du Barrail et de Bruchard.

Le général Pechot, avec le 9ᵉ bataillon de chasseurs et des bataillons du 4ᵉ et du 12ᵉ de ligne, tint l'arrière-garde. La retraite se fit en bon ordre, au pas ordinaire, sur le défilé de Saulny et sous la protection de batteries que l'on put établir à mi-côte, en face du défilé, grâce à quelques munitions qui venaient d'arriver.

Nous eûmes le regret d'abandonner dans le village de Saint-Privat une partie de nos blessés. Au commencement de l'action, qui s'engageait loin du village, deux ambulances s'y établirent, espérant être en sûreté; mais l'une d'elles fut incendiée par les obus ennemis, et on fut obligé de transporter à la hâte les blessés dans des locaux voisins; l'autre était dans l'église. Quand les Prussiens prirent possession du village, ils y trouvèrent nos blessés avec le personnel et le matériel des deux ambulances, et, contrairement aux conventions de Genève, ils gardèrent personnel et matériel que nous ne retrouvâmes pas de toute la campagne.

Telles sont sommairement les péripéties de cette journée qui, à côté des émotions mêmes de la bataille, se caractérise par des émotions d'un autre ordre qui assiégeaient officiers et soldats.

Ces émotions s'augmentaient à chaque instant, parce que les munitions s'épuisaient et que nous savions qu'il n'était pas possible de les renouveler; les voitures régimentaires, envoyées à Metz, n'étaient pas rentrées; notre grand parc de réserve de l'armée était resté à Toul; le 6e corps, qui devait avoir vingt batteries, n'en avait que neuf, les onze autres et les mitrailleuses étaient restées au camp de Châlons, et cependant il fallait faire tête à l'ennemi, dont les renforts nombreux avaient augmenté l'audace. Sur toute la ligne, il avait dressé de formidables batteries, pour la plupart masquées par les bois, et nous n'avions à leur opposer que des batteries tout à fait inférieures, dont il fallait ménager le tir pour ne pas épuiser trop tôt les munitions. Le 6e corps a été réduit à sa dernière ressource et a dû recourir au général Ladmirault, qui n'a pu mettre à sa disposition que trois caissons d'artillerie. Sur toute la ligne nous en étions à cette extrémité, qui ne devait pas échapper à l'ennemi et ne pouvait qu'augmenter sa confiance.

Pendant ce temps, le maréchal Bazaine était resté avec la garde, sur les hauteurs de Plappeville; s'il avait pu juger, par lui-même, de l'importance de la bataille, il aurait certainement fait avancer les réserves qui ont été demandées avec instance par les commandants de corps, Canrobert et Ladmirault, et les vaillants soldats de la garde auraient apporté dans la lutte l'appoint qui nous a manqué pour assurer un triomphe. La garde nous a bien été envoyée, mais tardivement, alors que tout était compromis; elle n'a pas même eu le temps de se mettre en bataille; une partie de son artillerie seule a pris position pour empêcher la poursuite de l'armée prussienne, qui n'a pas, du reste, dépassé le village de Saint-Privat[1].

1. Il n'est pas sans intérêt de citer ici l'opinion allemande à propos de cette bataille. Un officier prussien, chef d'état-major d'un corps d'armée, disait : « Qu'à Saint-Privat toutes les réserves étaient arrivées avec le roi, plus de 250,000 hommes;

Une panique, que rien ne justifiait, vint marquer le dernier moment de cette fatale journée.

Pour dégager le champ de bataille, toutes les voitures avaient été dirigées en arrière et s'étaient massées sur la route de Saulny, avec ordre de

que, dans l'action contre Saint-Privat même, la garde royale et le corps saxon avaient été engagés avec le 10e corps en réserve, environ 90,000 hommes. Les autres corps étaient en face d'Amanvillers. L'artillerie des corps engagés contre Saint-Privat, à raison de 90 pièces par corps, formait plus de 250 pièces ; nous en avions tant, que nous ne savions où les mettre, nous dit l'officier prussien ; elles étaient étagées. » D'autres documents allemands constatent les mêmes faits. « A Gravelotte (pour nous Saint-Privat), disent-ils, il y eut en présence près d'un demi-million d'hommes : 270,000 Allemands contre 210,000 Français. » Et, après avoir parlé des pertes considérables faites par les Allemands dans les batailles devant Metz, ils ajoutent : « Parmi les batailles de ce siècle, il n'y a que la Belle-Alliance, Borodino et Eylau qui puissent être comparées aux combats livrés sous Metz. » (*Gazette de Kiel.*)

Il est bon de signaler ici l'erreur des Allemands relativement au nombre des forces françaises engagées à Saint-Privat. Nous n'avions en ligne que quatre corps, d'un effectif moyen de 26 à 27,000 hommes, et trois seulement ont été sérieusement engagés. Notre effectif de 168,000 rationnaires, le 13 août, était tombé à environ 140,000 le 18, par la perte d'une division laissée à Metz et environ 20,000 hommes mis hors de combat dans les journées des 14 et 16 août, dont plus de 1,000 officiers, et l'on sait que le nombre des rationnaires est loin d'indiquer celui des combattants.

Enfin nous trouvons dans d'autres écrits allemands les dis-

garder la droite, pour laisser une partie de la route ouverte aux voitures qui devaient apporter des munitions de Metz; mais, au moment où l'attaque de l'artillerie ennemie se prononça avec une nouvelle vigueur, des caissons furent envoyés au galop dans la direction des forts, pour en rapporter des munitions; nos convoyeurs, restés sur la route,

positions générales de bataille. « De la droite à la gauche se trouvaient les 7e, 8e et 9e corps, la garde et le 12e corps; les 3e et 10e étaient en réserve. Toute l'armée devait faire une conversion, l'aile gauche en avant, portant son principal effort sur la droite de l'ennemi.

« A six heures, aucun point important n'était entre les mains des Allemands. Les 7e et 8e corps, qui combattaient sur un terrain difficile, étaient pour ainsi dire épuisés; le 9e corps avançait à grand'peine sur Verneville, en éprouvant des pertes énormes. La garde, à la suite d'une attaque de vive force sur Saint-Privat, avait été repoussée en laissant le sol jonché de ses morts. Le 12e corps, qui avait le plus de terrain à parcourir, était encore intact. Vers cinq heures, il atteignit enfin Roncourt, et son artillerie ouvrit le feu sur Saint-Privat. Ce ne fut qu'entre sept heures et demie et huit heures que cette position, sur laquelle s'appuyait la droite française, fut enlevée par la garde et le 12e corps.

« Dans cette mémorable journée, pas un trophée, pas un canon démonté ne restèrent entre les mains des Allemands. Plus de 40,000 morts ou blessés prouvent l'acharnement de ce combat, qui dura neuf heures, et dans lequel la vaillance des Allemands ne triompha qu'à grand'peine de l'opiniâtre résistance des Français. »

crurent à une retraite précipitée, et une véritable panique s'en suivit. On vit alors les voitures se précipiter pêle-mêle vers Saulny, se heurtant et se culbutant. Quand le désordre se met ainsi dans une colonne, il gagne, et l'exagération grandit avec l'éloignement; bientôt la nouvelle arriva à Metz que nous étions poursuivis et que l'ennemi ne s'arrêterait que dans la ville. C'est un affreux spectacle que celui d'une panique ; l'homme aux prises avec le sentiment de la peur et de la conservation individuelle abjure toute dignité et est capable des plus grands écarts.

Néanmoins, cette journée a été meurtrière pour l'ennemi, de l'aveu même du roi, qui, dans sa dépêche à la reine, dit : « Que les prairies entre Sainte-Marie-aux-Chênes et Saint-Privat peuvent être regardées comme le tombeau de la garde royale; » c'est, en effet, la garde qui est revenue plusieurs fois à l'assaut de la position de Saint-Privat, et a été très-maltraitée par notre mousqueterie.

Pour nous, nos pertes ont été aussi fort considérables; les journées de Borny, Rezonville et Saint-Privat ont amené dans Metz 18,000 blessés environ, et le 6e corps, dont je puis particulièrement préciser les pertes, comptait : après Rezonville, 1 général tué, 201 officiers et 5,458 sous-officiers ou soldats tués ou blessés, pour un effectif de 31,032 hommes ; après Saint-Privat, 3 généraux blessés, 213 officiers et 4,883 sous-officiers et soldats hors de combat, sur un effectif de 26,952 ; c'est donc en deux affaires 414 officiers et 10,341 sous-officiers et soldats, tués ou blessés, pour un corps d'armée d'un effectif moyen de 29,000 hommes, plus de un sur trois.

Pour quiconque a assisté aux batailles livrées depuis vingt ans et à celles de cette campagne, il y a lieu d'être frappé des modifications radicales que l'armement et la tactique de l'armée prussienne ont introduites dans la guerre. Après Sadowa, le fusil à aiguille, par la rapidité de son tir et sa portée, a eu tous les honneurs du succès ; les canons prussiens, se chargeant par la culasse, étaient encore jugés inférieurs à ceux dont nous nous sommes servis, pendant la campagne de 1859. Nos pièces rayées, se chargeant par la bouche, étaient considérées comme le meilleur perfectionnement, et malgré les rapports faits par des hommes spéciaux et en position de bien voir [1], nous n'avons pas

1. Rapports du colonel d'artillerie Stoffel.

voulu nous persuader qu'il y avait mieux que ce que nous possédions. Mais les canons prussiens ont été perfectionnés, et nous avons pu nous convaincre, par une fatale expérience, que les pièces rayées en acier fondu, se chargeant par la culasse, ont une portée, une justesse plus grandes que nos pièces et un tir plus rapide des deux tiers. Avec ces avantages, l'artillerie prussienne a, en outre, été considérablement augmentée par division, quand la nôtre restait la même, fort inférieure en nombre.

Cette supériorité d'armement était trop réelle pour que l'armée prussienne n'en tirât pas tout le parti possible; aussi a-t-elle, dans ce but, modifié sa tactique. Celle-ci consiste à inonder, même au début de l'action, le champ de bataille de projectiles creux, lancés à 3,000 ou 3,500 mètres; à diriger sur nos batteries un feu vif avec une justesse de tir d'autant plus grande que, nos pièces n'atteignant pas les leurs, la rectification du tir est facile et sans danger; à garder l'infanterie massée dans les bois ou derrière des plis de terrain, hors de la portée de nos pièces, et à ne la produire que quand nos lignes sont ébranlées par le feu puissant de leur artillerie. Par ce moyen, les Prussiens ont, autant que possible, écarté, pour eux, le danger de l'attaque à la baïonnette si familière à notre armée. Il est, en effet, impossible à l'infanterie de franchir sous le feu de l'artillerie 2,500 ou 3,000 mètres avec l'ardeur nécessaire pour une charge.

Les Prussiens le savaient, et ils ont paralysé l'élan de l'infanterie française par leur artillerie à longue portée, et, par elle aussi, ils ont contre-balancé l'action de nos chassepots dont la portée est supérieure à celle du fusil à aiguille prussien.

La guerre, dans ces conditions, a perdu sa noblesse et sa majesté; le courage individuel n'est plus rien; presque tout se borne à un duel d'artillerie, et l'avantage reste aux plus gros, aux plus puissants engins et à la plus grande provision de munitions. Nous n'avons jamais vu les deux infanteries s'aborder en ligne; elles ne se sont rencontrées que dans des actions partielles, dans des combats d'avant-postes, ou quand nous avons attaqué des tranchées-abris.

Nous avons donc fait, dans cette guerre, la triste épreuve de l'action des armes perfectionnées, action qui était prévue par beaucoup de personnes, et sur laquelle il avait déjà été dit et écrit beaucoup de choses d'une vérité trop grande malheureusement.

Déjà en 1863, dans une brochure intitulée :

Influence des inventions modernes sur l'art de la guerre, l'auteur, prévoyant les transformations successives des différentes armes, disait : « Après le canon rayé, se chargeant par la bouche, viendra le canon rayé, se chargeant par la culasse, et nous prévoyons pour l'artillerie une prépondérance très-grande et très-fâcheuse, car l'artillerie est l'arme de la destruction; pour l'infanterie une modification dans la manière de combattre; pour la cavalerie une modification presque complète.

« Peut-être les grandes batailles seront-elles plus rares, car les grandes batailles ne seront plus que de grandes tueries. Le talent, le génie, auront bien moins d'action sur le résultat final d'une campagne qu'ils n'en ont eu jusqu'à présent. Les vastes combinaisons stratégiques seront encore possibles hors de la portée de l'ennemi; les grandes combinaisons tactiques seront plus difficiles en face des moyens destructeurs employés par les armées, ou du moins les combinaisons tactiques devront être modifiées en raison des armes nouvelles. »

Ces lignes semblent avoir été écrites exprès pour les circonstances que nous avons traversées; il n'y a qu'une objection à y faire, c'est que l'artillerie n'est pas essentiellement l'arme de la destruction, c'est plutôt l'arme de l'intimidation. La mousqueterie bien nourrie fait beaucoup plus de victimes que l'artillerie, et si nous avons fait éprouver à nos ennemis des pertes considérables, de leur propre aveu, c'est que nos chassepots sont des armes tout à fait supérieures et que leur portée est encore beaucoup plus grande que nous ne le supposions. Nous avons constaté que la balle du fusil chassepot a encore une grande force de pénétration à la distance où le bruit de la détonation n'atteint pas.

Si l'infanterie prussienne est médiocre, la cavalerie est bonne; la cavalerie légère surtout nous a étonnés par son audace.

Des escadrons de uhlans, lancés en éclaireurs, se fractionnent et envoient quelques hommes à trois et quatre lieues, explorant le pays dans tous les sens, rançonnant les populations et jetant souvent un tel effroi que rien ne leur résiste. Toujours l'œil au guet, ces hardis éclaireurs se dissimulent adroitement, enveloppent de mystères l'armée qu'ils précèdent à grande distance, sont renseignés sur nos mouvements avant que nous le soyons sur ceux de l'ennemi, et apportent dans leurs opérations une intelligence remarquable. Il semble même que ce corps d'élite ait un recrutement spécial, au moins pour les officiers et sous-officiers, car ils possèdent tous la connaissance d'une foule de détails utiles à la guerre. Non-seulement ils lisent les cartes avec facilité et sont familiarisés avec la topographie de détail de tous les pays qu'ils explorent, mais ils sont aptes encore à se servir des appareils télégraphiques, à diriger les locomotives, à faire réparer les voies ferrées [1]. Les reconnaissances que font ces éclaireurs s'étendent à tout; partout où ils sont passés, l'armée est certaine d'être renseignée, non-seulement sur la sécurité des routes, mais sur les ressources du pays, qu'ils savent faire préparer pour le moment de l'arrivée des troupes.

1. A Bœning, un officier de uhlans se présente à la gare et enjoint au chef de gare de télégraphier à la station voisine « de ne plus faire passer de train jusqu'à nouvel ordre. » Sur le refus du chef de gare, l'officier fait lui-même passer la dépêche avec la facilité d'une personne très-habituée. Le chef de gare et les employés de la station étaient stupéfaits.

Près de Vesoul, il y a deux villages voisins du nom de Pusy et Pusey. Un sous-officier de uhlans demande à un général français en retraite, et actuellement maire de l'un de ces villages, s'il est bien à Pusey. Sur la réponse négative, le sous-officier consulte sa petite carte du département de la Haute-Saône, et, la montrant au général, il lui dit en bon français : « Pardon, je me trompais, voilà la route qui me conduit à Pusey. »

Notre manière de reconnaître, d'éclairer, diffère beaucoup de celle-là; aussi nous arrive-t-il souvent, pour ne pas dire toujours, d'être surpris ou à peu près; et, sans parler de la campagne d'Italie, où nous avons eu des batailles imprévues, à Magenta, à Solférino, nous devons reconnaître que dans cette campagne nous avons été surpris par l'attaque; à Wissembourg, Frœschwiller, Spickren, Borny, Rezonville et même un peu à Saint-Privat, quoique nous connussions la présence de l'ennemi.

Pour seconder les avantages de leur artillerie et de leur cavalerie, les Prussiens disposent de masses considérables d'hommes, qui leur ont, partout et toujours, permis de tenter des mouvements enveloppants, de renouveler plusieurs fois, dans les batailles, leurs lignes de combattants et de garder pour la fin des réserves importantes de leurs meilleures troupes appuyées par une masse d'artillerie.

C'est à Saint-Privat surtout que cette tactique leur a été avantageuse, quand ils ont dirigé sur la position occupée par le 6e corps cent vingt pièces d'artillerie, la garde royale et le 12e corps, gardés pour l'effort final.

L'armée prussienne nous a toujours étonnés par la rapidité de ses marches; dans les circonstances où nous espérions la devancer, nous la trouvions sur nos pas ou devant nous. Sans trêve ni repos, les hommes marchent la nuit, le jour, quand le besoin l'exige, et, pour les familiariser avec cet exercice, dont on fait pour eux une habitude, les régiments font incessamment des mouvements d'un bivouac à un autre. Chaque jour, autour de Metz, nous pouvions constater des mouvements de troupes, qui n'avaient d'autre but que de faire travailler les hommes et de les soumettre à des exercices qui perdent, par l'habitude, une partie de ce qu'ils ont de pénible.

C'est par les marches rapides de l'ennemi qu'a été préparée la catastrophe de Sedan; c'est encore par sa marche rapide que nous fut barrée la route de Verdun.

Ce n'est pas que nous ne soyons susceptibles de nous mouvoir aussi facilement et aussi rapidement; mais nous subordonnons trop volontiers notre marche à celle de nos convois, qui nous ont toujours entravés durant cette campagne. Les convois prussiens étaient toujours en arrière; l'officier, comme le soldat, portait ce qui lui était nécessaire pour les besoins de quelques jours, et ne retrouvait son léger bagage que dans les moments de calme.

Pour nous, nous avons, même en campagne, un si grand besoin de bien-être, que nous serions très-malheureux d'être privés, accidentellement, de nos bagages et de nos lits de campagne.

Ce que nous avons vu de l'organisation du service médical prussien nous donne le regret que le nôtre ne soit pas aussi confortablement établi : personnel et matériel, tout y est abondant et rien n'est négligé pour le bien-être des malades et des blessés.

Puisque nous faisons un examen des conditions organiques des deux armées, nous ne pouvons négliger un des plus grands éléments de succès ; je veux parler de la discipline. Il faut le reconnaître, il y a dans notre armée une tendance fâcheuse au relâchement de la discipline. Le prestige de l'autorité existe peu, l'obéissance s'amoindrit, les ordres donnés sont commentés, les qualités des chefs sont passées au creuset des appréciations de chacun ; tout le monde veut en savoir plus que celui qui commande. J'ai entendu des sous-officiers discuter avec des soldats l'opportunité d'un ordre donné. Quand on en vient là, l'autorité est perdue et avec elle la discipline. La raison en est certainement dans la mollesse qui a été apportée durant ces dernières années à la répression des fautes ; au laisser-aller toléré par les chefs et aux insinuations adroitement répandues dans les masses, que le soldat ne doit pas être une machine obéissant passivement. Devant l'ennemi, ces théories ont plus d'un inconvénient, elles préparent les désastres. Le plus grand nombre fait bravement et loyalement son devoir, mais ceux qui sont pénétrés de l'idée que le soldat a son libre arbitre en profitent pour déserter leur poste au moment de l'action. Quand j'ai vu nos soldats, aux gares de départ à Paris, chanter et boire jusqu'à n'avoir plus conscience d'eux-mêmes, j'ai pensé qu'il y avait là un fait d'indiscipline inqualifiable et qui devait porter ses fruits; je ne me trompais pas : depuis quinze ans la discipline, cette âme des armées, a beaucoup baissé. L'armée de Crimée était remarquable par sa subordination, par son abnégation, par sa bravoure à toute épreuve; en Italie déjà, nous trouvions des germes d'indiscipline après le rappel des hommes en congé renouvelable, et, en 1870, nous étions forcés de constater que l'armée n'avait plus cette force de cohésion que donnent le respect de l'autorité et la soumission aux devoirs. Il est vrai que cette cohésion, cet esprit militaire, ne s'acquièrent que par le séjour au régiment où chacun se connaît, s'apprécie, et a à cœur de faire preuve de qualités. Malheureusement, au début de cette campagne, la moitié de notre armée était étrangère à l'autre; nos régiments recevaient chaque jour des hommes de la réserve qui n'avaient jamais tiré un coup de fusil ou même vu un chassepot, et, sans exercice préalable, on incorporait ces soldats de circonstance et on les envoyait au feu le jour de leur arrivée, comme cela s'est fait à Borny; aussi ne devons-nous pas être trop sévères pour les défaillances de quelques-uns; nous ne les signalons que pour tout dire sur cette désastreuse campagne.

Dans l'armée prussienne, la discipline est rigoureuse, absolue, et toute infraction est sévèrement punie. Les exécutions sont fréquentes, même pour des fautes qui seraient légères chez nous. Pour entretenir l'esprit de discipline, les hommes ont peu de repos; après les marches viennent les exercices de toutes sortes, les manœuvres; les chefs sont persuadés que ces occupations ont le plus favorable effet sur l'esprit du soldat et qu'elles préparent les avantages qu'ils doivent obtenir. Pour eux, les exercices sont un moyen d'atteindre un but, c'est une préparation pour une œuvre sérieuse et efficace.

Dans notre armée, nous laissons à nos soldats trop de temps à perdre. En campagne, nous ne les occupons jamais à des exercices individuels ou d'ensemble; nous ne les surveillons pas comme il faudrait, nous ne les soignons même pas assez, surtout au moral; nous ne les avons pas suffisamment dans la main, et, au jour de l'action, on constate facilement les différences entre des régiments dont les chefs sont pénétrés de leurs devoirs et ceux dans lesquels il y a plus de relâchement.

Nous avons pu acquérir la conviction que nous avons de grandes réformes à faire dans notre armée; il importe que chacun donne à cette œuvre son activité, son intelligence. Ce n'est pas seulement le côté matériel de notre organisation future qu'il faut soigner, c'est surtout son côté moral.

Le sentiment qui pénètre les armées est une des raisons de leur force; l'amour du pays, la foi dans sa puissance, le respect des institutions sont des éléments indispensables de succès; sans eux, pas de cohésion, pas d'esprit militaire, pas de force réelle, effective et durable.

Les ambulances ont eu un rôle très-actif dans les batailles qui ont été livrées durant une période de douze jours. Tout le monde a rendu à la médecine militaire la justice qu'elle a fait face à toutes les exigences avec les moyens dont elle disposait.

Elle a été aidée dans cette œuvre par les médecins de la Société internationale et par des médecins volontaires, qui ont donné leurs soins, même sur les champs de bataille. Après la journée du 16 août, le matériel de l'ambulance de l'Internationale a été fort utile, car il a permis d'enlever tous les blessés qui se trouvaient encore à Gravelotte dans la journée du 17.

Mais un enseignement ressort de ces dernières batailles pour l'établissement des ambulances dans d'autres circonstances.

Les modifications que les armes à longue portée ont introduites dans la tactique des armées ne se bornent pas aux troupes engagées, elles s'appliquent aussi aux ambulances qui, à chaque bataille, ont été troublées dans leur quiétude.

D'ordinaire, on établissait les ambulances assez près du champ de bataille pour être en position de donner au plus vite des soins aux blessés, et pour montrer aux soldats les lieux où ils seront secourus, car ils aiment tous à être renseignés à cet égard. Mais, avec l'artillerie à longue portée, il est difficile de mettre les ambulances en sécurité. Pendant la journée du 16 août, une ambulance fut prise à Vionville, une à Rezonville; le docteur Beurdy, qui avait établi son ambulance à l'abri des maisons de Rezonville, fut enveloppé dans une charge de cavalerie et y perdit la vie. Le 18, deux ambulances, qui se croyaient en sûreté dans le village de Saint-Privat-la-Montagne, au début de l'action, furent envahies, au plus fort de la bataille; l'une d'elles fut incendiée par les obus prussiens, et l'on ne put qu'à grand'peine sauver les blessés. Ces deux ambulances sont restées au pouvoir de l'ennemi, comme d'autres, après les batailles des premiers jours du mois.

Le choix de l'emplacement des ambulances est donc devenu une chose difficile. A l'avenir, elles seront toujours fort loin du théâtre de l'action, et cette nécessité entraînera forcément une augmentation du nombre des moyens de transport pour recueillir les blessés sur le champ de bataille. Nos moyens actuels : cacolets, litières, voitures Masson, sont bons, mais ils seraient insuffisants s'il y avait un long trajet à faire pour se rendre aux ambulances; cette nécessité est d'autant plus grande, qu'il importe d'empêcher, dans l'avenir, l'abus de l'accompagnement des blessés par les camarades.

Quand un blessé tombe, les voisins s'empressent de le relever, de le conduire en arrière, ne fût-il blessé qu'à la main, et, malgré la surveillance des officiers, on voit les compagnies fondre par cet excès de zèle en faveur des blessés; car les hommes qui ont ainsi accompagné un camarade à l'ambulance reviennent rarement à la compagnie pendant l'action.

Dans l'armée prussienne, des hommes sont spécialement chargés de recueillir les blessés et de les conduire en arrière des combattants, où ils sont repris par des infirmiers; l'abus dont nous parlons n'existe donc pas.

BLOCUS DE METZ.

SERVIGNY-LES-SAINTE-BARBE. — NOISSEVILLE. LADONCHAMP. — CAPITULATION.

Le 19 au matin, la plus grande partie de l'armée était descendue dans la plaine de la Moselle, et, dans cette journée, chaque corps prit ses campements autour de Metz : le 2e corps à Montigny, entre la Seille et la Moselle ; le 3e corps, sur la rive droite de la Moselle, entre le fort Queuleu et le fort Saint-Julien ; le 4e corps, de Longeville à Lorry, gardant les hauteurs de Plappeville ; le 6e corps, de Woippy à la Moselle, couvrant la vallée au nord ; la garde dans l'intérieur des lignes. — Ces corps étaient établis sous la protection des forts, protection presque illusoire, dans cette circonstance, car les forts de Metz étaient loin d'être terminés. Commencés en 1867, ils avaient été bientôt abandonnés pour n'être repris qu'au moment où il était démontré que nous devions nous mettre sur la défensive. On poussa activement les travaux pendant les quelques jours que l'armée resta sous Metz, mais ces forts n'étaient pas encore en état de défense; on s'occupa donc immédiatement de les terminer, de les armer, d'armer les fortifications de la ville et d'en achever les défenses extérieures. En voyant l'état de délaissement de ces travaux, on se demande ce que serait devenue la ville de Metz, si notre marche sur Verdun n'eût pas été arrêtée; elle n'était pas en position d'opposer une longue résistance.

A peine installés dans nos campements, nous eûmes la douleur d'assister à un sacrifice trop grand peut-être, celui des maisons nombreuses et des plantations d'arbres séculaires qui entouraient la ville. Ces sacrifices sont commandés par la défense des places fortes, mais nous étions en mesure de défendre la place de nos avant-postes, et peut-être aurions-nous pu épargner aux propriétaires le chagrin d'une véritable dévastation.

Une mesure plus efficace eût consisté à faire affluer dans les magasins de la ville et de l'armée toutes les denrées que renfermaient encore les nombreuses fermes des environs. Quelques jours auparavant, on n'avait pas voulu effrayer les populations, en leur prescrivant d'apporter tout ce qu'elles possédaient; mais maintenant il devenait d'une absolue nécessité de ne rien laisser aux mains de l'ennemi, qui n'allait pas tarder à nous entourer, et d'augmenter nos ressources, ainsi que celles de la ville, pour faire face à tout événement. Beaucoup de bouches inutiles restèrent aussi dans la ville, et, parmi elles, beaucoup devaient servir plutôt les intérêts de l'ennemi que les nôtres. Il est regrettable que ces mesures de prudence aient été négligées; plus tard, nous avons vu combien plus de prévoyance nous aurait servis en prolongeant notre existence sous Metz.

A ce moment, l'attention générale était surtout portée sur les nombreux blessés que nous avions accumulés dans la ville; on en comptait près de 18,000. Les casernes, les hôpitaux civils et militaires, les grands établissements, les églises avaient été transformés en hôpitaux; mais, cela ne suffisant pas, des baraques ont été dressées au Polygone, des tentes sur l'Esplanade. Ces ressources étant encore insuffisantes, les habitants ont pris chez eux des blessés, autant qu'ils pouvaient en loger; toute la population a été, il faut le dire, admirable d'abnégation, de dévouement. Tout le monde se multipliait pour secourir nos soldats mutilés; les dames rivalisaient de zèle et de charité, passant des jours et des nuits à secourir toutes les infortunes, sans trouver la moindre répugnance à ces soins qui demandent l'habitude pour ne pas vivement impressionner. Les dames de Metz ont laissé dans le cœur de l'armée un sentiment de vive et profonde reconnaissance.

Pour faire face à toutes les exigences d'un service qui devenait si encombré, si compliqué, le personnel médical de Metz a été augmenté autant que possible. Dans ce but, on a prescrit à toutes les ambulances divisionnaires de l'armée d'envoyer dans la ville leur personnel, ne laissant subsister qu'une seule ambulance par corps d'armée. Ce surcroît de personnel a rendu le service sanitaire possible. Déjà, tous les médecins civils avaient offert leur concours; ils soignaient les blessés des baraques du Polygone où l'on pouvait en placer environ 2,500, dans des conditions favorables d'aération, avantages que n'offraient pas les hôpitaux. Ce qu'il importe toujours d'obtenir dans les grandes accumulations de blessés, c'est la dissémination sur de larges espaces, c'est l'aération; au Polygone, nous avions ces avantages, et nous avons constaté que les résultats étaient excellents. Il en était de même à l'ambulance de l'Esplanade, où les blessés couchaient sur la paille et n'étaient abrités que par des tentes. Quoique en apparence défavorable, cette installation était encore préférable à celle des locaux fermés; les miasmes, sans cesse balayés, n'avaient pas le temps de s'y accumuler et de préparer les infections qui sont une des causes principales de pertes parmi les blessés.

Nous avions, pour satisfaire aux besoins multipliés de ce service chirurgical encombré, les ressources de nos approvisionnements et celles qui nous étaient offertes par les habitants. Les buanderies, la préparation des bandes, du linge étaient aux soins des dames de la ville. Par elles rien n'a été négligé pour approvisionner convenablement les ambulances, et il n'était pas trop de la bonne volonté, de l'empressement général, pour faire face à des besoins aussi inattendus.

Les Messins se préoccupaient beaucoup de la présence, dans leurs murs, d'une grande quantité d'Allemands, qui y étaient avant la guerre, et de ceux qui y étaient arrivés depuis. Parmi eux, beaucoup avaient des allures suspectes; mais, dans une ville ordinairement peuplée de beaucoup d'Allemands, il était difficile d'observer une surveillance efficace. On savait cependant que les Prussiens avaient de nombreuses intelligences dans la place, que tous les mouvements de notre armée leur étaient connus et que déjà l'espionnage avait été pour beaucoup dans nos revers; nous en avions acquis la certitude par le jugement et la condamnation de l'espion Schull, qui servait adroitement la cause française et la cause prussienne, mais surtout cette dernière. Il n'était que trop vrai que l'espionnage était admirablement organisé. C'est un des ressorts que les Prussiens savent faire mouvoir et dont ils retirent les plus grands avantages; ils ne dissimulent même pas cette tactique sous un nom honnête. J'ai vu une pièce trouvée à Ladonchamp, au milieu d'autres papiers d'un état-major prussien; elle portait en tête : « *Renseignements fournis par les rapports, par le service occulte (espionnage), par les ballons.* »

Cette pièce donnait l'emplacement de tous les corps d'armée autour de Metz, l'effectif de ces corps et la position des défenses de nos avant-postes. Dans une autre circonstance, nous avions à rendre 70 prisonniers blessés à l'armée prussienne; celle-ci fit connaître les noms de ceux qu'elle désirait, avec l'indication du lieu où ces hommes étaient traités; quelques-uns même étaient chez des particuliers, dont on donnait le nom, la rue et le numéro. Qu'on juge par ces faits de l'organisation de l'espionnage à Metz, et des difficultés de rien préparer qui ne fût aussitôt connu de l'armée d'investissement.

Des observatoires avaient été établis sur tous les points culminants; du haut de la cathédrale, surtout, on pouvait suivre tous les mouvements de l'armée ennemie. Il n'y avait plus d'illusion possible, il devenait évident que le blocus commencerait au plus vite. L'ennemi activait son travail pour nous enceindre de batteries et fortifier, d'abord, les points par lesquels nous pouvions tenter de nous frayer un passage.

Les bulletins de renseignements donnaient chaque jour le détail des nouveaux ouvrages entrepris. Ce fut d'abord sur la route de Metz à Briey, par Saulny, sur celle de Metz à Thionville, par les deux rives de la Moselle, que les travaux commencèrent; puis à Ars, à Magny, à Ars-Laquenexy, partout autour de nous se dessinèrent, à petite distance, les ouvrages prussiens. Sur les routes, des tranchées furent creusées, protégées par des abatis, et sur les positions culminantes des batteries montrèrent bientôt leur relief. Vany, Malroy, commandant la route de Thionville, furent les premiers points occupés et fortifiés ; d'autres batteries se dressèrent en face du fort de Queuleu, et, sur la rive gauche de la Moselle, des travaux furent exécutés à Jussy, à Sainte-Ruffine, malgré le voisinage du fort Saint-Quentin.

De notre côté, nous ne faisions encore aucun travail de défense autour de nos camps ; l'armement de plusieurs des forts n'était même pas assez avancé pour gêner l'ennemi dans ses travaux d'installation de batteries.

Le 23, la ville éprouva une première privation, celle de l'eau. Des espions ayant fait connaître aux Prussiens l'existence de la conduite des eaux de Gorze, ceux-ci s'empressèrent de la rompre. A partir de ce moment, les habitants n'eurent plus que l'eau de la Moselle, distribuée au moyen d'une pompe à feu. A cette date, on savait qu'il existait dans les magasins de Metz des rations pour environ 200,000 hommes pendant deux mois. Le froment, la farine, étaient surtout abondants, grâce aux nombreuses provisions qu'avait faites M. Bouchotte, pour son commerce avec la Bavière rhénane et le Luxembourg.

Cette ressource était inespérée et nous lui devons d'avoir pu tenir deux mois dans notre position; car nous avons dit que, même au début de la campagne, les ressources en vivres n'étaient pas abondantes, et déjà cette pénurie avait fait adopter une mesure efficace, celle de ne donner à chaque partie prenante qu'une seule ration de vivres[1].

Mais, si elle a eu ses avantages, cette abondance relative n'a servi qu'à nous faire sommeiller dans une trop grande sécurité. Sans cette perspective de longs jours à l'abri de la faim, nous aurions peut-être pris une résolution plus énergique, commandée par les circonstances; et qui sait si elle n'aurait pas été préférable à l'immobilisation, surtout au début, alors que nous n'avions autour de nous que des obstacles franchissables et que nos

1. En campagne, les officiers, suivant leur grade, ont deux, trois ou un plus grand nombre de rations. Le maréchal de France en a vingt-quatre, parce qu'il doit avoir des domestiques civils à nourrir. Durant cette campagne, chaque officier a eu, comme le soldat, une seule ration.

moyens, au lieu d'être amoindris, étaient au contraire dans toute leur force, par l'entraînement des dernières batailles. Les chances auraient été meilleures que dans aucun autre moment.

Cependant l'armée avait employé à sa réorganisation les quelques jours qui venaient de s'écouler, et déjà on pressentait qu'il y aurait un mouvement prochain; car le maréchal Bazaine avait ordonné de réduire les bagages le plus possible, et de ne laisser aux compagnies que ce qui leur était strictement nécessaire.

La journée du 24 fut consacrée à diriger sur Metz l'excédant des bagages, et, bien qu'aucun ordre de départ n'eût été donné, le bruit s'en était déjà répandu en ville. Sans tenir compte de la nécessité du secret, chacun colportait la probabilité d'un mouvement, et cette nouvelle ne devait pas tarder à être portée à l'armée prussienne par les espions dont nous étions entourés.

Le 25, dans la nuit, l'ordre fut donné de se mettre en route à quatre heures du matin; le détail du service dans les corps d'armée devait régler les heures de départ de chaque division, pour éviter les affluences de troupes aux abords des ponts.

Le 26, les 4e, 6e corps et la garde traversèrent la Moselle sur deux ponts de bateaux, et les troupes vinrent se masser au Polygone, avant de traverser la Seille sur le pont fixe et les ponts de bateaux. A ce point, une seule route se présente, celle de Saint-Julien, qui traverse le village de ce nom et conduit au fort. Le mouvement des trois corps d'armée fut fort long par cette seule route : à midi, il n'était pas complet et cependant tous les bagages, tous les impédimenta avaient été laissés à Chambière ; il n'y avait sur le chemin que l'infanterie, l'artillerie et la cavalerie.

Les positions de chaque corps d'armée avaient été déterminées à l'avance : le 6e corps devait occuper la gauche de la ligne, en face de Malroy, en avant du bois de Grimont ; le 4e corps, à la droite du 6e, jusqu'à Mey ; les 2e et 3e corps, qui étaient campés sur la rive droite de la Moselle, n'avaient eu qu'à se porter en avant ; le 3e corps, en face de Borny, et le 2e, en réserve avec la garde.

Du fort Saint-Julien, on apercevait des batteries prussiennes ; quelques coups de fusil furent échangés entre nos tirailleurs et les avant-postes ennemis ; ceux-ci se retirèrent et un mouvement général de retraite se dessina. La situation paraissait bonne et favorable à notre marche en avant ; mais le sol commençait à être détrempé. Depuis le matin plusieurs averses étaient tombées, et, vers une heure, la pluie devint si abondante, qu'elle paralysa toute action.

Le maréchal Bazaine, dans cette occurrence, avait réuni au château de Grimont tous les commandants de corps et les généraux Coffinières et Soleille. Dans ce conseil de guerre, toutes les considérations ont dû être pesées, toutes les chances ont dû être minutieusement jugées, mais toutes les pièces de la question ont-elles été soumises à l'examen? Nous avons entendu dire que le maréchal avait déjà connaissance, par une dépêche, de la marche du maréchal Mac-Mahon sur Sedan; nous avons entendu, il est vrai, nier ce fait, qu'il serait important d'éclaircir pour l'histoire. Quoi qu'il en soit, il n'aurait été question que de la possibilité du mouvement en avant en présence du mauvais temps, et, sur l'hésitation générale, le commandant supérieur de Metz aurait déclaré que, si l'armée se retirait, la ville ne tiendrait pas huit jours, dans son état incomplet de défense et l'inachèvement de ses forts; le commandant de l'artillerie aurait ajouté qu'il pouvait donner des munitions pour une bataille, mais pas pour deux. C'est devant des déclarations aussi formelles que le retour aux campements aurait été décidé; le mouvement commença à quatre heures.

Il n'est pas sans intérêt de rechercher quel était à cette époque l'effectif de l'armée ennemie qui nous entourait; nous ne pouvons trouver ces renseignements que dans les écrits allemands qui se sont presque toujours montrés sincères.

Nous y voyons que déjà, vers le 23 ou le 24, après le détachement des deux corps d'armée et de la garde, dont le commandement était confié au prince royal de Saxe, il restait autour de Metz, sous les ordres du prince Frédéric-Charles, deux armées composées de sept corps : les 1er, 7e et 8e, formant la première armée; les 2e, 3e, 9e et 10e, formant la seconde; de plus, des renforts arrivèrent d'Allemagne, au nombre de 45 à 50,000 hommes. Les numéros de ces corps d'armée ont tous été vérifiés par les renseignements fournis pendant la durée du blocus. L'armée d'investissement comportait donc un effectif de 240 à 250,000 hommes.

De notre côté, nos pertes successives avaient réduit notre armée, le jour de notre arrivée sous Metz, à moins de 140,000 rationnaires, y compris la division laissée dans la ville [1], environ 7,000 hommes, et cet effectif diminuait chaque jour par les maladies, sans possibilité de combler les vides.

Cette infériorité numérique n'était pas sensible tant que nous restions dans nos camps, parce que l'ennemi avait à placer ses troupes sur un cercle plus grand; mais il avait encore sur nous un grand avantage, celui d'occuper des positions fixes, convenablement choisies dans le voisinage des routes que nous aurions pu prendre, et, en cas de tentative de sortie, nous étions amenés à une lutte à découvert contre des ouvrages fortifiés et des abris protecteurs. Si l'armée allemande avait à redouter l'action des forts à l'abri desquels nous étions placés, nous avions aussi à tenir compte des ouvrages qui protégeaient les lignes prussiennes.

Nous n'avions aucune connaissance, à cette époque, des forces qui nous entouraient, et, dans tous les cas, il était présumable qu'elles ne feraient que s'accroître, ainsi que les positions fortifiées; il importait donc de prononcer au plus tôt une action

1. Le 13 août, l'effectif de l'armée était de 168,000 rationnaires. Les batailles de Borny, Rezonville et Saint-Privat nous ont coûté environ 33,000 hommes, dont plus de 1,600 officiers.

offensive; aussi nos regrets étaient-ils grands d'avoir vu échouer la tentative du 26 août.

Le 27, la pluie continue, nos campements sont inondés; les canaux d'écoulement, obstrués pour la plupart par l'imprévoyance des hommes, produisent partout la stagnation des eaux; des mesures sont prises immédiatement pour le rétablissement des canaux, car la pluie ne cesse pas pendant les jours suivants.

Le 30, vers neuf heures, ordre est donné de se préparer au départ entre onze heures et midi, sans toutefois faire connaître dans quelle direction; celle-ci sera indiquée par des ordres ultérieurs; mais, devant la persistance du mauvais temps, le contre-ordre est donné, avec la prescription de se tenir prêt à partir au premier signal et de se compléter à quatre jours de vivres. Dans la nuit, l'ordre arrive de partir le lendemain matin. On doit passer la Moselle sur les ponts de bateaux; les différents corps de l'armée ont chacun des emplacements désignés, où ils doivent se rendre à des heures déterminées pour éviter les encombrements inévitables, surtout au passage des ponts. Heureusement la pluie a cessé, le baromètre monte et nous pouvons espérer une série de beaux jours.

Comme le 26, le 31 nous prenons la route de Saint-Julien, et, après une perte de temps plus longue qu'on ne l'avait calculé, les corps de la rive gauche n'arrivent sur les hauteurs que vers midi; les corps campés sur la rive droite étaient depuis le matin dans leurs positions de combat. La ligne de bataille était constituée de la manière suivante : à gauche le 6e corps, ayant en face de lui les villages de Chieulles, Rupigny et Charly, occupés par les Prussiens, et observant la position fortifiée de Malroy; le 4e corps, au centre, faisant face à Servigny, Poixe, jusqu'à Villers-l'Orme, et le 3e corps à droite, devant Noisseville et Montoy. Le 2e corps était en arrière, à la disposition du 3e, et la garde, en réserve près de Grimont.

Entre le 6e et le 4e corps est une route en remblai, bordée de peupliers, qui conduit à Bouzonville; de ce point, on découvre un horizon étendu, limité par une crête couverte de bois. L'ennemi occupe ces bois et les villages de Sainte-Barbe, Servigny, Noisseville. Sainte-Barbe est le point culminant, celui qui paraît réunir le plus de défenses. A gauche de ce village, sur une vaste étendue de terrain découvert, se trouvent des masses noires, confuses; on croit, à la lunette, y voir des chariots, des bagages, mais certainement aussi de la cavalerie et de l'artillerie; aucun mouvement ne se produit dans ces masses.

Le maréchal Bazaine a mis pied à terre sur la route, près d'une croix de pierre; de là, il embrasse tout le terrain. Il appelle à lui les commandants de corps pour leur donner ses instructions et leur faire connaître les conditions de l'attaque contre Sainte-Barbe, qui, par son élévation, est comme la clef de la position. Le 3e corps, à droite, doit opérer un mouvement tournant par la gauche de Sainte-Barbe; le 4e doit, au moment opportun, se porter en avant, et le 6e ne se mettre en marche qu'après le mouvement du 4e corps et s'avancer jusqu'à Rupigny.

Pendant que les commandants de corps délibéraient, je vis arriver un garde mobile, porteur d'une dépêche : il demandait avec empressement « le commandant en chef » ; sur notre indication il partit au galop pour remettre sa dépêche au maréchal. Que contenait cette dépêche? dans les groupes on faisait mille conjectures, plus ou moins vraisemblables; mais, dans la journée, soit supposition, soit certitude, le bruit se répandait que le maréchal venait d'être informé de l'arrivée de l'armée de

Mac-Mahon par Stenay et Thionville. On ajoutait que le général Ducrot avait remplacé le maréchal Mac-Mahon dans le commandement du 1er corps.

Pour commencer l'attaque, il avait été décidé qu'une forte batterie serait établie à gauche de la route; on devait y mettre en position des pièces de 24, prises au fort Saint-Julien. Aussitôt les sapeurs travaillèrent à un épaulement, on amena trois pièces et bientôt le feu commença : mais il était déjà quatre heures et demie.

Aux premiers coups de cette batterie, les troupes prussiennes, massées sur les crêtes près du village de Failly, se portèrent sur leur droite; des masses, que nous distinguions être de l'artillerie, s'ébranlèrent et vinrent se mettre en batterie dans un pli de terrain, où elles étaient protégées. Une autre batterie s'établit à gauche de la première et un véritable duel d'artillerie commença sur ce point; les pièces de 24 avaient pour objectif Poixe, et les pièces de 12, du 4e corps, Servigny.

Par sa position, le 4e corps avait beaucoup à souffrir des projectiles de l'artillerie, et il ne pouvait faire un mouvement avant que le 3e corps n'eût prononcé le sien. Il était six heures et le mouvement n'avait pas encore commencé. L'ordre de se porter en avant fut donné. L'action fut rude à droite; il fallut enlever successivement toutes les positions derrière lesquelles s'abritait l'infanterie ennemie. Les hameaux, les fermes, chaque maison, avaient été préparés pour la défense, et, pendant ce temps, l'artillerie prussienne portait des pièces partout où elles pouvaient avoir action. Le village de Noisseville surtout fut le théâtre d'un combat acharné, dans lequel le 95e enleva, à la baïonnette, une formidable batterie, malgré la vigoureuse défense des bataillons prussiens; le village lui-même fut défendu maison par maison et on put y établir des pièces qui contre-battaient l'artillerie prussienne de Servigny. Le 4e corps entra alors en ligne et marcha sur Servigny; l'effort devint général. De part et d'autre, une fusillade des plus nourries se mêla à la canonnade; on s'aborda à la baïonnette, et, dans les jardins et les maisons du village de Servigny, il y eut de terribles luttes corps à corps. Enfin les Prussiens abandonnèrent cette position, laissant entre nos mains seize pièces de canon et incendiant sur leur passage.

Le 6e corps, qui devait attendre le mouvement des corps placés à sa droite, s'ébranla à son tour et prit possession des villages de Chieulles et Rupigny, où les Prussiens allumèrent aussi des incendies.

Il faisait nuit noire et la fusillade continuait encore sur toute la ligne.

La joie s'était répandue dans les rangs; on croyait que nous avions atteint notre but, que nous étions maîtres de la position de Sainte-Barbe, c'était une erreur; nous avions pris Servigny, position déjà importante, mais que nous ne sûmes pas garder. Par une imprévoyance trop grande, on n'avait laissé, pour défendre cette position, que quatre compagnies, qui ne firent pas même bonne garde, et, vers onze heures, plusieurs bataillons prussiens tombèrent à l'improviste sur notre faible troupe, reprirent la position et les canons, que nous n'avions pas même encloués, et rejetèrent nos avant-postes en arrière.

Tel est le dernier épisode de cette journée. Ainsi s'est évanoui tout ce que nous avions acquis au prix de beaucoup de bravoure et de beaucoup de pertes; l'armée campa dans les positions où elle se trouvait à la fin de la journée.

La nuit fut froide et humide; un brouillard épais nous enveloppait. Les Allemands en profitèrent pour faire arriver des forces de la rive gauche de la Moselle, et, dès six heures du matin, au milieu de cette demi-obscurité, causée par le brouillard, s'ouvrit à notre droite une vive canonnade dont le 3e et le 2e corps eurent beaucoup à souffrir; l'état-major du maréchal Lebœuf fut particulièrement frappé, le général Maneque fut mortellement blessé, le capitaine de Vaudrimet fut tué, et un autre officier d'état-major dut être amputé.

Cette canonnade fut le prélude de la reprise de la bataille sur toute la ligne, mais avec des chances moins favorables que la veille, puisque les Prussiens avaient appelé des renforts avantageusement placés, menaçant notre flanc droit, et même nos derrières. Tous nos efforts tendirent à garder nos positions, aucun mouvement en avant n'étant, pour le moment, possible. Le 4e corps, toujours prêt à prononcer son attaque de front, n'avait pas encore pu la commencer. A gauche, le 6e corps occupait les mêmes positions que la veille au soir, moins les villages de Chieulles et de Rupigny, qu'il n'avait pas mission de garder.

En face de lui, plusieurs batteries prussiennes s'étaient établies depuis la veille; leur tir de flanc était fort préjudiciable aux 3e et 4e corps. La division Tixier, du 6e corps, déploya alors en tirailleurs les compagnies d'éclaireurs volontaires, avec mission de s'approcher le plus près possible des batteries et de démonter les servants; cette mesure, bien exécutée, amena une grande perturbation dans le service des pièces, et de l'irrégularité dans le tir. Il était évident que nous adoptions un des bons moyens à employer contre la tactique prussienne. Les tirailleurs ennemis, abrités derrière les tranchées, entretenaient avec nos éclaireurs un feu de mousqueterie bien nourri; des bataillons se montrèrent plusieurs fois hors des bois de Failly, mais le fort Saint-Julien, qui pendant ces deux journées n'avait pas cessé de diriger le feu de ses grosses pièces sur tous les points où il y avait accès, accablait de projectiles l'infanterie ennemie, qui ne se hasardait pas loin des bois.

Malgré cela, il était évident que notre situation générale était moins bonne que la veille; il y avait eu, surtout à la droite, des alternatives d'attaques et de retraites partielles, sur quelques points, et le commandant en chef, pour frapper un coup décisif, avait donné ordre à la garde, tenue en réserve, de se porter derrière le 3e corps, de le soutenir, et même d'attaquer. Tout était prêt, et le mouvement allait commencer, quand le maréchal Lebœuf fit prévenir le maréchal Bazaine qu'il lui était impossible de tenir plus longtemps, et déjà le mouvement de retraite du 3e corps s'effectuait, quand l'avis arriva à son adresse; il était à peu près onze heures.

Le commandant en chef aurait pu envoyer immédiatement l'ordre formel de tenir dans les positions, de continuer l'attaque, et faire avancer immédiatement la garde, mais il ne le fit pas, prévoyant sans doute que l'ébranlement qui s'était déjà produit compromettrait le succès, et il donna l'ordre de battre en retraite sur toute la ligne.

Elle s'effectua lentement, par échelons; les Prussiens ne dépassèrent pas leur ligne de tranchées.

On s'occupa alors du soin de relever les morts et les blessés sur le champ de bataille. Français et Prussiens, précédés du drapeau blanc à croix rouge, recueillirent les leurs sur le terrain.

Ces deux journées infructueuses nous coûtaient environ 3,500 hommes hors de combat; le 3e corps en a eu plus de 2,000, mais il n'entra dans les ambulances de Metz que 1,800 blessés de toute l'armée.

D'après le dire des officiers prussiens au commandant Samuel, de l'état-major, envoyé en parlementaire, l'armée allemande aurait eu dans ces journées 10,000 hommes hors de combat.

Dans la soirée, tous les corps d'armée avaient repris leurs positions sur les rives droite et gauche de la Moselle.

Dans cette sortie du 31 août, l'intention du général en chef devait être de franchir les lignes, de s'avancer par Thionville à la rencontre de l'armée du maréchal Mac-Mahon, en abandonnant Metz à ses propres ressources. La rive droite de la Moselle nous offrait plus de sécurité, plus de facilité que la rive gauche ; nous évitions surtout le défilé de Richemond, si fortifié, mais à Thionville les difficultés naissaient, nous étions sur la rive droite, obligés de traverser la Moselle sur le pont couvert et sur des ponts de bateaux, en face de l'armée ennemie qui nous aurait disputé énergiquement ce passage. Le concours d'une armée extérieure nous aurait été alors nécessaire, et, à la date où nous étions, nous ne pouvions plus l'espérer; la catastrophe de Sedan avait eu lieu, et les armées ennemies, devenues disponibles, pouvaient nous accabler par leur nombre et faire à Thionville un nouveau Sedan, à quelques jours d'intervalle; dans notre ignorance des faits qui venaient de s'accomplir, nous n'aurions pas pu conjurer cette extrémité, et nous devons nous demander si le résultat négatif des batailles des 31 août et 1er septembre ne nous a pas été plus utile qu'un succès.

La rentrée de l'armée sous Metz immobilisait une grande partie des forces prussiennes, commandait une grande prudence à l'armée marchant sur Paris, donnait à la capitale le temps d'organiser sa défense et permettait au pays de rassembler les forces qui devaient disputer à l'ennemi l'envahissement du territoire. Un échec possible, probable même, dans les environs de Thionville aurait précipité les événements.

A partir de ce jour, les actions militaires importantes cessèrent, mais nous eûmes des combats partiels de jour et de nuit, livrés par les compagnies de partisans, tous hommes de bonne volonté choisis dans les bataillons. Ces braves soldats étaient toujours prêts à marcher ; toutes les nuits, ils tendaient des piéges à l'ennemi dans les bois, attaquaient les avant-postes, et tenaient en éveil toute notre ligne d'investissement. Ils nous ont rendu les plus grands services pendant toute la durée du blocus.

Le 2 septembre, chaque régiment avait repris

ses anciens bivouacs; déjà, d'instinct, chacun comprenait que notre dernier effort venait d'être tenté et qu'il nous faudrait une circonstance imprévue, mais espérée, pour sortir des lignes prussiennes; nous pensions bien que les débris du corps de Mac-Mahon, réorganisés et grossis de tous les contingents de la réserve, formeraient bientôt une armée, dont les efforts faciliteraient les nôtres, mais cette espérance ne fut pas de longue durée.

Le 3, on enterrait le général Decaen. Le maréchal Bazaine assistait à la cérémonie et il communiqua à quelques personnes la nouvelle vague qui venait de lui être apportée par la voix prussienne, que, près de Sedan, le corps du général Ducrot, qui cherchait à nous rallier, avait été attaqué sur ses derrières; qu'après un rude combat il avait eu une partie de son arrière-garde coupée et qu'on lui avait fait 3,000 prisonniers et pris 11 canons. Ces premiers bruits devaient malheureusement prendre, en quelques jours, des proportions effrayantes pour arriver à la réalité.

Le 4, ils sont déjà répandus dans les camps, chacun s'enquiert de leur origine et on espère qu'ils sont une des mille ruses employées par l'ennemi, pour porter la démoralisation dans nos rangs; ce qui est certain pour nous, c'est que la viande manque complétement et que les distributions régulières de viande de cheval vont commencer le 5. Devant cette perspective renaissent les regrets de n'avoir pas vu notre armée développée sur un plus large périmètre, comprenant un grand nombre de villages dans lesquelles restaient encore de grandes ressources, au moment de notre arrivée.

Une circonstance nous faisait croire que l'intention du général en chef était de se développer dans la plaine de la Moselle; depuis quelques jours on parlait d'un coup de main sur le château de Ladonchamp, situé en face du 6e corps, sur la rive gauche de la Moselle. Ce château était occupé par les Prussiens; on disait même qu'ils en avaient fait une position défensive très-forte, à laquelle se prêtaient les dispositions mêmes du château avec sa terrasse et ses fossés. Mais cette opération nous semblait ne pas pouvoir s'isoler d'autres opérations plus compliquées, car le château est dominé par les hauteurs de la rive gauche de la vallée, et son occupation, sans celle des hauteurs, devenait compromettante. Néanmoins le coup de main fut décidé et devait être tenté dans la nuit, mais la pluie qui survint fit donner le contre-ordre.

La journée du 5 fut remplie d'émotions; nous entendions le canon dans la direction de Briey, le quartier général le fit même annoncer; nous espérions qu'une armée de secours suivait cette direction probable, et chacun s'apprêtait à un vigoureux effort, mais il n'en était rien, et le 6, au contraire, de nouveaux bruits se répandirent qui donnaient avec quelques détails les malheurs et le désastre de notre armée de Sedan. On disait que l'armée de l'Empereur, commandée par le maréchal Mac-Mahon, et composée de plusieurs corps, avait été battue dans les environs de Sedan; on ne disait rien de plus.

Le 7, nous apprîmes, dès le matin, que 500 prisonniers étaient envoyés à nos avant-postes; ces prisonniers venaient de l'armée de Mac-Mahon et nous confirmèrent le désastre tant redouté, mais avec des versions différentes, suivant le jour et le lieu où ils étaient tombés au pouvoir de l'armée prussienne; néanmoins les détails étaient tellement précis qu'il n'y avait plus aucun doute à conserver. Comme toujours, après de pareils malheurs, l'état moral de l'armée fut ébranlé; nos soldats avaient espéré jusque-là l'arrivée d'une armée extérieure; en voyant l'insuccès de celle du maréchal de Mac-Mahon, cette espérance s'évanouissait.

Par surcroît de malheur, le temps devint très-
nauvais, la pluie ne cessait pas, nos camps étaient
nondés, les routes elles-mêmes étaient couvertes
'eau, à cause de l'encombrement de tous les
anaux d'écoulement, et nos malheureux soldats ne
ouvaient ni faire leur cuisine ni se coucher. Les
ournées du 8 et du 9 se passèrent dans ce déluge,
t, malgré cela, le 9 au soir, les Prussiens commen-
èrent autour de nous la plus violente canonnade
u'ils aient fait entendre pendant le blocus. Les
remiers coups partirent des ouvrages en face de
ueuleu; le fort riposta, puis le feu s'étendit à
auche; les batteries d'Ars et des hauteurs voisines
rèrent sur Montigny, et même dans les ateliers du
hemin de fer où plusieurs hommes furent blessés.
e fort Saint-Quentin, celui de Plappeville, répon-
irent à ces batteries, et bientôt la canonnade
'étendit jusqu'à Woippy, où quelques hommes
u 6e corps furent blessés dans les camps. Après
ne heure et demie, le feu cessa des deux côtés.
ous nous perdions en conjectures sur la raison de
et horrible bruit; ce ne pouvait être que pour nous
aquiner et forcer nos hommes à rester exposés à la
luie hors des tentes, mais on s'est contenté de
oubler les grand'gardes, d'augmenter les postes

de soutien et de recommander la plus grande vigilance.

Nous avons su plus tard qu'au moment de cette canonnade de longs convois de prisonniers passaient autour de Metz pour se rendre en Allemagne, et que les Prussiens leur annonçaient le bombardement de Metz et de l'armée.

A partir de cette date, de nouveaux bruits circulaient chaque jour dans les camps et dans la ville sur les actes accomplis à Sedan. On finit même par apprendre toute l'étendue du désastre et les conditions dans lesquelles il s'était produit. A ces nouvelles s'ajoutaient celles des événements du 4 septembre à Paris, événements qui nous parvenaient exagérés et que, dans notre isolement, l'imagination de chacun exagérait encore. Du matin au soir, des suppositions, des craintes devenaient des réalités et étaient colportées comme telles.

Des incrédules, et ils étaient nombreux, ne voulaient voir dans ces nouvelles qu'une manœuvre prussienne, dont la *Gazette de la Croix* était la messagère; c'est, en effet, par ce journal, confié en lecture à lui seul, qu'un parlementaire avait appris ces nouvelles.

Néanmoins, vraies ou fausses, elles impression-èrent douloureusement et amenèrent, aussi bien hez le soldat que chez le chef, de vives émotions : une inquiétude, qui embrassait non-seulement situation de l'armée, mais celle du pays tout ntier. Chacun comprenait que nous étions dans un e ces moments suprêmes où tout dépend de l'intel-gence d'un chef et de l'abnégation de tout le onde, et que, faute d'union, on pouvait creuser n abîme.

Notre situation d'armée bloquée, privée de oute communication dans un pareil moment, avait uelque chose d'énervant qui devait accabler les ns et exalter les autres, selon les dispositions indi-duelles. L'impatience se lisait sur tous les visages, ır, à côté du soldat, il y a l'homme, et chacun vait à se préoccuper de sa famille, de ses intérêts, ı milieu des bruits alarmants dont nos camps aient remplis. Répandus par la malveillance ou fantaisie, ces bruits n'en prenaient pas moins rce et consistance et s'accentuaient davantage à ıaque heure. On disait que le gouvernement pro-soire ne s'était pas plus tôt organisé qu'il avait é débordé par le parti exalté, socialiste; que aris était le théâtre de tous les désordres et que, pour avoir une sauvegarde contre les excès de l'extrême révolution, les Parisiens avaient appelé les Prussiens dans Paris, et l'armée restait soumise à ces terribles secousses sans pouvoir obtenir ni confirmation ni négation. Aussi attendait-elle avec impatience des renseignements du quartier général, car on disait que le maréchal Bazaine avait envoyé un parlementaire au prince Frédéric-Charles, pour lui demander de pouvoir communiquer avec Paris.

Historiquement, ces faits ont leur importance pour apprécier l'état moral de nos troupes et montrer l'ignorance dans laquelle nous étions de ce qui se passait en France.

Le 12, il y eut au grand quartier général une réunion des commandants de corps d'armée et des généraux de division; le maréchal Bazaine communiqua à l'assemblée les nouvelles déjà connues et qui, sans caractère officiel, puisque le commandant en chef n'avait rien reçu officiellement, avaient cependant un cachet de vraisemblance qui nécessitait une communication, et, le 13, la proclamation suivante fut affichée sur les murs de Metz :

HABITANTS DE METZ,

On a lu dans un journal allemand, *la Gazette de la Croix,* les nouvelles les plus tristes sur le sort d'une armée française, écrasée par le nombre de ses adversaires sous les murs de Sedan, après trois jours d'une lutte inégale. Ce journal annonce également l'établissement d'un nouveau gouvernement par les représentants du pays; nous n'avons pas d'autres renseignements sur ces événements, mais nous ne pouvons pas non plus les démentir.

Dans des circonstances aussi graves, notre unique pensée doit être pour la France; notre devoir à tous, simples citoyens ou fonctionnaires, est de rester à notre poste et de concourir ensemble à la défense de la ville de Metz.

En ce moment solennel, la France, la patrie, ce nom qui résume tous nos sentiments, toutes nos affections, est à Metz, dans cette cité qui a tant de fois résisté aux efforts des ennemis du pays.

Votre patriotisme, ce dévouement dont vous donnez déjà tant de preuves par votre empressement à recueillir et à soigner les blessés de l'armée, ne peuvent faire défaut.

Vous saurez vous faire honorer et respecter de nos ennemis par votre résistance; vous avez, d'ailleurs, d'illustres souvenirs qui vous soutiendront dans votre lutte énergique.

L'armée qui est sous nos murs, et qui a déjà fait connaître sa valeur et son héroïsme dans les combats de Borny, de Gravelotte, de Servigny, ne nous quittera pas; elle résistera avec nous aux ennemis qui nous entourent, et cette résistance donnera au gouvernement le temps de créer les moyens de sauver la France, de sauver notre patrie.

Metz, le 13 septembre 1870.

L. Coffinières,
Général commandant supérieur
de la place de Metz.

Paul Odent,
Préfet de la Moselle.

Félix Maréchal,
Maire de Metz.

En même temps que nous lisions cette affiche presque confirmative de tous les bruits, un autre se répandait, fort alarmant, fort douloureux aussi, celui de la capitulation de Strasbourg, mais il était démenti le lendemain.

Au milieu de tout cela, le sentiment de la réalité de notre situation devenait chaque jour plus poignant; nous pensions à nos vivres, dont la réserve n'était pas grande ; aux vivres des chevaux qui étaient presque épuisés. Ces pauvres bêtes avaient à peine le nécessaire, et, le 14, leur ration était considérablement diminuée ; on prévoyait une grande mortalité, et déjà on se préoccupait de l'enfouissement des cadavres d'animaux à une grande profondeur, car nous n'avions pas la ressource des désinfectants nécessaires pour nous soustraire à l'action pernicieuse des miasmes. Nous n'avions malheureusement pas non plus le moyen de faire des salaisons de viande de cheval, le sel manquant presque absolument.

Nos approvisionnements en munitions de guerre s'étaient cependant complétés, au moment où nous n'avions pas à nous en servir. On avait découvert, dans les magasins du chemin de fer, quatre millions de cartouches, et le général Soleille avait pu faire fabriquer des projectiles, des fusées percutantes, de la poudre et des cartouches.

Autour de nos camps, nous commencions un système de défense dont l'absence nous avait fait croire, jusque-là, que nous ne devions pas rester toujours sous Metz; mais la réalité se dessinait chaque jour davantage et écartait jusqu'à l'espoir d'une délivrance. Il ne nous restait, pour communiquer avec le reste de la France, que la ressource, fort incertaine, des ballons qui devaient porter aux familles le certificat de vie de chacun sur la feuille réglementaire large de dix centimètres et haute de cinq.

Le 16, nous apprenons qu'un sapeur du génie, prisonnier, a réussi à passer les lignes ennemies, apportant deux journaux français qui nous donnent des nouvelles plus certaines et dont les journaux de Metz reproduisent les principaux passages. Le 17, en effet, nous y trouvons la composition du comité de défense nationale et quelques entrefilets indiquant la marche de l'armée prussienne sur Paris.

Un ordre général à l'armée, quoique conçu dans une forme dubitative, ne nous laissait cependant plus de doute. Il s'exprimait ainsi :

ORDRE GÉNÉRAL A L'ARMÉE DU RHIN.

Armée du Rhin, N° 9.

D'après deux journaux français des 7 et 10 septembre, apportés au grand quartier général par un prisonnier français qui a pu franchir les lignes ennemies, l'Empereur Napoléon aurait été interné en Allemagne après la bataille de Sedan, et l'Impératrice, ainsi que le Prince impérial, ayant quitté Paris le 4 septembre, un pouvoir exécutif, sous le titre de gouvernement de la défense nationale, s'est constitué à Paris.

Les membres qui le composent sont :

Le général de division TROCHU, gouverneur de Paris, président.

JULES FAVRE,	député.	JULES SIMON,	député.
GARNIER-PAGÈS,	—	E. PICARD,	—
GAMBETTA,	—	DE KÉRATRY,	—
CRÉMIEUX,	—	ROCHEFORT,	—
E. ARAGO,	—	GLAIS-BIZOIN,	—
PELLETAN,	—		

GÉNÉRAUX, OFFICIERS ET SOLDATS
DE L'ARMÉE DU RHIN,

Nos obligations militaires envers la patrie en danger restent les mêmes. Continuons donc à la servir avec le même dévouement et la même énergie, en défendant son territoire contre l'étranger, l'ordre social contre les mauvaises passions.

Je suis convaincu que votre moral, ainsi que vous en avez déjà donné tant de preuves, restera à la hauteur de toutes les circonstances et que vous ajouterez de nouveaux titres à la reconnaissance et à l'admiration de la France.

Au grand quartier général du Ban-Saint-Martin, le 16 septembre 1870.

Le maréchal de France, commandant en chef,

Signé : BAZAINE.

Pour ampliation :

Le général de division, chef d'état-major général,

L. JARRAS.

Il n'y avait plus de doute. La seule armée qui avait pu être organisée à peu près, en dehors de l'armée du Rhin, était prisonnière, l'armée prussienne marchait sur Paris, et, sans être pessimiste, chacun comprenait que, quel que fût le nombre d'hommes que la France pourrait lever à la hâte, les chefs manqueraient, les cadres ne pourraient pas être complétés, l'homogénéité n'existerait pas, et que, par conséquent, il n'y aurait nulle cohésion, nulle force réelle, malgré la vaillance individuelle. Nous avions fait l'expérience de la tactique prussienne, nous étions en mesure de la déjouer, mais une nouvelle armée aurait à faire, à ses dépens, la même expérience. Nous nous disions toutes ces choses parfaitement vraies. Militaires, nous comprenions qu'une armée ne s'improvise pas, même sous la pression des événements, et que le patriotisme le plus pur et le plus exalté ne suffit pas, sans organisation, pour triompher de la puissance d'une armée nombreuse dont tous les services fonctionnent régulièrement : aussi étions-nous profondément affligés de notre inaction et de notre impuissance à servir la cause sacrée du pays, et déjà de cruelles appréhensions se produisaient sur le résultat de notre situation, qui allait s'aggravant chaque jour. Au même moment, nous apprenions que le roi de Prusse était à Versailles, que l'Empereur avait choisi pour résidence Wilhelmshœhe, et, comme les nouvelles, toujours de source prussienne, se succédaient sans interruption, on disait que beaucoup de départements n'avaient pas voulu reconnaître le gouvernement provisoire, et que nous étions menacés des plus grandes complications à l'intérieur.

Pour la première fois nous lisions en tête des journaux de Metz : *République française.*

Le 18, j'eus occasion de lire les deux journaux apportés par le sapeur du génie au quartier général : un numéro du *Moniteur universel* du 7 et le *Volontaire* du 10.

Les Prussiens ont dû laisser passer le porteur de ces journaux, le choix même des numéros a dû être fait, car ils contenaient tout ce qui pouvait le mieux nous renseigner sur la proclamation de la république, sur la catastrophe de Sedan, et même une espérance de voir le roi de Prusse traiter avec le nouveau gouvernement.

La présence confirmée du roi de Prusse à Versailles nous faisait conjecturer que son armée avait passé la Seine et que son intention était d'attaquer, par Châtillon, Vanves et Issy, le côté le plus vulnérable de Paris. A défaut de plan de campagne, à notre usage, nous faisions celui des Prussiens dans les conditions les plus rationnelles.

Le 19, les renseignements se complétaient déjà : on disait M. Thiers en mission auprès des différentes cours d'Europe pour obtenir leur intervention, et on ajoutait même que la paix ne tarderait pas à être signée. On parlait encore d'une bataille heureuse pour nos armes à Montrouge.

Les journées se passaient dans le récit des bruits contradictoires souvent, et les nuits dans des alertes aux avant-postes, où les partisans s'ingéniaient à tendre des piéges et à tenter des coups de main sur les sentinelles et patrouilles prussiennes; dans la nuit du 21 au 22, les environs du village de Woippy furent le théâtre d'un de ces combats nocturnes sérieux : les Prussiens, en nombre, essayèrent d'enlever un poste; mais ils rencontrèrent, dans les bois, des partisans du 6ᵉ corps, et une fusillade vive fut échangée pendant plusieurs heures.

Dans la journée, on effectua un fourrage sur Lauvallière, c'est-à-dire qu'on dirigea sur ce point un certain nombre de voitures du train des équipages et de voitures régimentaires pour enlever des fourrages et des gerbes de blé qui étaient encore emmagasinés dans le village.

Cette petite opération fut rapidement conduite, mais pas assez cependant pour réussir du premier coup, car les Prussiens faisaient pleuvoir sur les conducteurs et les chevaux une grêle de balles; il fallut recommencer un peu plus tard, et, cette fois, en tenant les Prussiens à distance par le déploiement de nos tirailleurs. On a rapporté une cinquantaine de voitures de fourrages et fait une dizaine de prisonniers.

Dans la pénurie de vivres pour les chevaux où nous nous trouvions, ces opérations devaient se renouveler aussi souvent que possible. Elles contribuaient, du reste, à sortir nos soldats de leur inaction, qui finissait par devenir pesante; aussi, dans la journée du 23, l'occasion s'étant présentée de faire des recherches de denrées du côté de Villers-l'Orme et Vany, la division Aymard fut envoyée tout entière; mais les Prussiens avaient déjà fait enlever ce qui pouvait être à notre portée dans un rayon rapproché des camps; nous en fûmes pour nos frais de déplacement, beaucoup d'hommes hors de combat, et nous pouvions constater qu'il y avait autour de nous de nombreuses batteries fixes, dont nous ne soupçonnions pas l'existence.

La division Aymard avait été soutenue par des partisans du 6e corps, déployés en tirailleurs sur la rive gauche de la Moselle, jusqu'aux petites Maxes, et sur les deux rives de la rivière; les coups de canon étaient si multipliés, que le général de Berckheim, de l'artillerie, n'estimait pas à moins de 70 les pièces qui avaient tiré sur une étendue de cinq à six kilomètres.

24. A cette date, commence une phase nouvelle de notre situation, la plus difficile, la plus délicate à raconter, parce qu'elle renferme quelque chose de secret, de mystérieux, qu'il n'est donné qu'à quelques personnes de savoir ; aussi n'ai-je pas la pensée de dire autre chose que les faits, jugeant convenable d'écarter du récit les bruits, les suppositions plus ou moins vraisemblables. Cependant l'état moral des esprits était impressionné par les nouvelles de chaque jour, et il était évident que l'attente d'événements nouveaux, imprévus, stimulait les impatiences et modifiait la direction générale des idées. La politique trouvait sa place au milieu des conversations militaires ; dans notre isolement, tout devenait un point d'appui pour nos conceptions, et, volontiers, on se laissait aller aux espérances les moins justifiées et à la possibilité des circonstances les plus imprévues.

Cette situation nouvelle rentre trop dans le domaine des faits historiques pour ne pas être signalée, et ce n'est qu'à ce titre que je raconte.

A cette date donc on disait que, la veille, dans la soirée, un monsieur était venu du quartier général prussien pour s'entretenir avec le maréchal Bazaine; que ce personnage mystérieux, tout à fait inconnu du maréchal, avait longuement causé avec lui, et qu'il était rentré dans la nuit au quartier général du prince Frédéric.

Le lendemain, avait lieu une nouvelle entrevue, à la suite de laquelle le départ du général Bourbaki était décidé. Le général partait, en effet, le jour même. En même temps, partaient plusieurs médecins luxembourgeois de la société internationale de secours.

Cette nouvelle fut bientôt répandue dans l'armée, et les conjectures se multipliaient. Où allait le général Bourbaki? les uns disaient à Wilhelmshœhe, les autres à Londres et à Ferrières ou Versailles, auprès du roi de Prusse. Qu'était ce personnage mystérieux, dont le nom nous était parvenu, et que personne ne retrouvait dans le monde officiel ni dans les familiers du régime impérial?

Était-ce un philanthrope, ému des malheurs de son pays et faisant un effort pour les conjurer? Était-ce un agent de M. de Bismarck, venant nous tendre adroitement un piége? Était-ce moins que cela, un émissaire chargé d'apprécier la situation matérielle et morale de l'armée? Toujours est-il que chacun se préoccupait et s'inquiétait des allures nouvelles que prenaient les choses, avec d'autant plus de raison que l'arrivée de M. Reignier coïncidait avec de nouveaux bruits, qui nous montraient les actes accomplis à Paris sous un jour des plus fâcheux : tels que l'envahissement de l'Assemblée, le 4 septembre, par les gardes nationaux de Belleville, appelés à cet effet; l'invasion des Tuileries et de l'Hôtel de ville par les mêmes hommes, malgré les protestations de l'Assemblée, et, détails plus navrants, les exactions commises par les volontaires parisiens dans les environs de Paris, sous prétexte de repousser les Prussiens qui nous menaçaient.

Enfin, tous ces bruits alarmants étaient couronnés par une déclaration du roi de Prusse, datée de Reims, dans laquelle il est dit que le Roi ne peut traiter qu'avec l'Empereur, l'Impératrice ou le maréchal Bazaine, qui tient ses pouvoirs de l'Empereur et représente la seule force légale.

D'après cet exposé, il est facile de comprendre l'état des esprits dans cette armée de Metz, qui ne demandait qu'à agir et qui aurait fait acte du plus complet dévouement pour sauvegarder les intérêts du pays. Mais chaque jour se passait dans l'attente, et ce n'était pas le moindre de nos maux, quoique notre situation matérielle s'aggravât tous les jours.

Depuis les premiers jours du mois, nous étions réduits à la viande de cheval, et nous faisions maigre chère. Rien que l'aspect des malheureuses bêtes, livrées au couteau du boucher, était fait pour produire la répulsion. Il est impossible de rien imaginer de plus maigre, de plus décharné que ces animaux; ils n'avaient que la peau sur les os, ils broutaient la terre, rongeaient les écorces d'arbres, se mangeaient la queue et la crinière. Chaque jour il en mourait des quantités que l'on enfouissait dans de grandes fosses préparées à l'avance, sur les espaces libres, entre nos camps et nos avant-postes. Ces pauvres bêtes mouraient surtout de faim.

La ration journalière, très-réduite comme quantité, se composait de toutes les graines que l'on pouvait réunir : blé, avoine, orge, millet, etc., jusqu'à du tourteau de colza. Aussi, le moment n'était pas éloigné où il ne nous resterait plus de chevaux, même pour notre artillerie. Nous nous en allions ainsi chaque jour, émiettant la seule armée de la France.

Le sel, ce condiment si nécessaire, faisait presque absolument défaut; on en distribuait deux grammes et demi par jour et par homme, et la provision devait bientôt être épuisée. Heureusement il existait, auprès de Belle-Croix, deux sources salées, contenant 3 pour 100 de sel, et chaque jour des corvées de régiments allaient, à des heures déterminées, puiser l'eau salée avec laquelle on faisait la soupe; mais, ainsi préparée, la soupe n'était pas bonne; elle empruntait à l'eau un goût amer fort désagréable.

Pour concourir à l'alimentation des chevaux, de nombreuses corvées se rendaient chaque jour dans les vignes, pour y couper les sarments garnis de feuilles vertes, auxquels on ajoutait des branches de peuplier. Les chevaux mangeaient avidement ce fourrage, et, pour régulariser autant que possible cette opération, sans trop de préjudice pour les cultivateurs, le général Coffinières publia un avis par lequel les cultivateurs étaient invités à diriger eux-mêmes la coupe des sarments, et à les porter au magasin aux fourrages du Saulcy, où ils étaient reçus et payés par les soins de l'administration militaire.

Mais ces moyens extrêmes ne faisaient que reculer de quelques jours la perte des chevaux. Ces animaux, par leur organisation, ont besoin d'une nourriture abondante qui emplit l'intestin, faute de quoi la muqueuse intestinale frotte contre elle-même, provoque une vive inflammation et la mort rapide.

Le 27, à neuf heures du matin, le commandant en chef fit prévenir le commandant du 6e corps qu'une opération d'ensemble devait être tentée dans la journée sur Colombey et Peltre par une fraction des 3e et 2e corps, et sur le château de Ladonchamp et les Maxes par le 6e corps ; il s'agissait d'enlever des fourrages dans les villages et de prendre possession du château de Ladonchamp.

A dix heures et demie, les partisans et la brigade Pechot, du 6e corps, se mettent en mouvement. Le feu de l'artillerie est dirigé sur Ladonchamp, pendant que le général Levassor-Sorval fait attaquer le bois de Woippy, et se porte, sans coup férir, jusque dans le château. Le général Pechot lance, en même temps, ses tirailleurs sur le village des Maxes, occupé par le 56e régiment prussien, et l'enlève sans trouver beaucoup de résistance. Les Prussiens quittèrent aussitôt la position, et les voitures du train, massées près de la ferme de Saint-Eloi, partirent au galop pour faire leur chargement dans le village. A ce moment, les batteries de Malroy ouvrirent leur feu, mais sans nous faire beaucoup de mal.

Nos troupes ont attaqué Ladonchamp, au moment où ses hôtes prenaient leur repas, qui était encore servi; nous y avons trouvé bon nombre de journaux allemands, jusqu'à la date du 24; par l'un d'eux nous avons appris la reddition de Toul.

Avant de quitter le château, les Prussiens incendièrent une ferme y attenante. Cette petite opération a coûté au 6e corps quatre tués et une vingtaine de blessés; nous avons fait quelques prisonniers.

Les troupes de la rive droite de la Moselle avaient la plus grosse part de la besogne.

La fraction du 3e corps devait se porter jusqu'à Colombey; celle du 2e corps se proposait d'enlever, à Peltre, un convoi de chemin de fer, rempli d'approvisionnements pour l'armée prussienne; mais, comme il arrivait toujours, des espions firent connaître ce projet aux Prussiens, qui eurent le temps de couper la voie à 200 mètres de la gare de Peltre. Néanmoins, un petit train chargé de chasseurs à pied et d'une mitrailleuse débarqua sa cargaison, qui marcha résolûment sur le village et l'enleva à la baïonnette.

Mais l'opération était manquée. Il s'agissait de saisir, au moyen de forts crochets, adaptés aux tampons d'une machine, le convoi prussien, et de rétrograder immédiatement sur Metz avec cette prise. Cette idée ingénieuse, due à M. Dietz, aurait pu réussir sans la trahison de l'espion que nous avons fait fusiller pour ce fait. Nous n'avons retiré de cette tentative que bon nombre de prisonniers, quelques têtes de bétail que nous payions malheureusement de 150 hommes hors de combat; c'était beaucoup pour un aussi maigre résultat. Cependant, il faut reconnaître que les soldats aimaient ces petits coups de main et que tous, en rentrant au camp, étaient contents de leur journée.

Malheureusement, par représailles, les Prussiens incendièrent dans la soirée les villages d'où nous les avions délogés. Ils avaient prévenu, du reste, que, chaque fois que nous les troublerions dans leur quiétude, ils puniraient par l'incendie les innocents habitants des villages envahis. Ce procédé touche de bien près à la barbarie.

Pendant toute la nuit, les villages de Colombey, les Maxes, Peltre, Ladonchamp éclairèrent l'horizon de leur foyer.

Que de gens ruinés par ce fait, et combien le triste spectacle de ces dévastations fait faire de sombres réflexions sur la guerre!

Le 28, nous apprenons par quelques journaux allemands, pris à Ladonchamp, ce qui se passe autour de Paris; nous y voyons que la défense s'organise, mais nous n'y trouvons aucun des succès dont le bruit avait déjà couru; un insuccès nous paraît, au contraire, plus probable: c'est celui du général Vinoy qui, dans une sortie, aurait été repoussé perdant 7 canons.

On a de plus trouvé, tant à Peltre qu'à Ladonchamp, entre autres papiers, quelques circulaires aux soldats prussiens, dans lesquelles on les informe que des pourparlers pour la paix ont eu lieu, et cette espérance était déjà très-accréditée dans l'armée ennemie. Ainsi, un médecin prussien qui s'est présenté à Peltre, avec le drapeau des ambulances, disait à des officiers français : « Je ne comprends rien à ce qui se passe; on nous annonce que dans quelques jours nous devons tous fraterniser dans la paix, et vous nous attaquez plus vigoureusement que jamais. »

Ces propos, joints au départ du général Bourbaki, étaient bien de nature à donner quelque apparence de vérité aux bruits qui circulaient; aussi étions-nous bien impatients du retour du général pour avoir le mot de cette énigme. On n'attendait une solution que pour le 29, et déjà il y avait, en haut lieu, une espérance qu'elle serait favorable.

C'est le 29 que nous apprîmes la capitulation de Strasbourg ; rien ne manquait à nos douleurs, car il ne fallait pas être fin diplomate pour comprendre que chaque succès devait augmenter les exigences des Prussiens, et que, si un arrangement quelconque était possible avant, il devenait fort difficile après la prise de possession de la capitale de l'Alsace, qui devait rendre disponibles de nouvelles forces prussiennes et un parc de siége.

La journée du 30 se passe dans l'attente du retour du général Bourbaki ; on commençait à trouver le temps fort long, l'ennui gagnait et l'impatience se faisait d'autant plus vivement sentir, que, depuis quelques jours, on espérait, sans savoir quoi, mais on espérait quelque chose ; aussi, pour tromper l'ennui, on acceptait avec plaisir toutes les petites affaires journalières que chaque corps tentait, selon l'opportunité, dans son voisinage.

Le 1er octobre, le 4e corps opérait sur sa face ; il s'agissait de fouiller des bois de sapins dans lesquels les Prussiens étaient établis et de prendre position au village de Lessy. Cette opération, entreprise de grand matin, n'a pas pu être poussée à bonne fin ; reprise dans la journée, elle a encore échoué devant des forces très-supérieures ;

aussi, comme il arrive toujours quand les actions ne sont pas exécutées promptement, nous eûmes beaucoup d'hommes hors de combat pour un résultat nul.

Le 2 dans la soirée, le commandant du 6e corps reçut l'ordre de faire occuper par ses troupes, pendant la nuit, le château de Ladonchamp. Cette position était depuis longtemps l'objet de nos convoitises ; un mois auparavant il avait été question de l'occuper, l'ordre avait même été donné, mais il fut contremandé; le 27 septembre, une compagnie y était entrée et s'était retirée. On n'y avait trouvé aucune des fortifications ni des armements supposés; le château était simplement la résidence d'un état-major prussien, il n'avait aucune importance stratégique. Bordé par les collines boisées de la rive gauche de la vallée de la Moselle, il était protégé par les nombreuses batteries prussiennes, établies à mi-côte, dans son voisinage; aussi la possession du château et du parc devenait illusoire, sans celle des hauteurs. Néanmoins l'occupation de Ladonchamp fut prescrite, et, vers minuit, une petite colonne prise dans le 6e corps fut chargée de cette opération.

Comme dans la journée du 27 septembre, nous

avons pu pénétrer dans le château presque sans tirer un coup de fusil ; il n'était occupé que par un faible détachement, qui se retira à notre approche.

Des sapeurs du génie, qui accompagnaient la colonne, s'occupèrent immédiatement de mettre le poste en état de défense.

Vers sept heures du matin, des colonnes prussiennes se présentèrent devant le château pour le reprendre, et ouvrirent une vive fusillade. Ce cas était prévu, et, à cet effet, on avait mis en réserve quelques bataillons à la Maison-Rouge ; ce soutien se porta en avant et réussit à repousser les assaillants, avec qui une fusillade nourrie fut entretenue jusque vers onze heures.

Les Prussiens tiraient de leurs tranchées, et nos hommes ripostaient, dissimulés derrière les arbres et les accidents de terrain.

Le maréchal Canrobert assistait à cette petite affaire que l'on supposait devoir prendre de plus grandes proportions, et, pour cette circonstance, des réserves et une ambulance étaient à la Maison-Rouge, résidence habituelle de nos grand'gardes.

Vers dix heures et demie, une batterie prussienne ouvrit son feu sur Ladonchamp ; nos batteries fixes, établies près de la ferme de Saint-Eloi, ripostèrent avec un tel succès que le feu des Prussiens cessa après dix minutes.

L'affaire pouvait être considérée comme terminée; la journée fut employée aux travaux de défense, qui consistaient en des tranchées-abris en avant du château. La ferme de Sainte-Agathe, sur la gauche de Ladonchamp, fut aussi occupée.

Mais les Prussiens paraissaient attacher une importance plus grande que nous ne le supposions à l'occupation du château, affaire d'amour-propre probablement; aussi multipliaient-ils les retours offensifs. Vers quatre heures une canonnade assez vive fut ouverte par une batterie située au-dessous et à mi-côte de Bellevue. Les obus portèrent d'abord très-loin, dans la direction du village des Maxes, mais le tir fut rectifié et les projectiles tombèrent dans le château même, dont ils crevèrent la toiture en plusieurs endroits et percèrent les murailles.

Cette canonnade fut suivie d'une tentative d'assaut. La fusillade fut vive de part et d'autre; mais les assaillants battirent bientôt en retraite, reconnaissant l'insuffisance de leurs efforts et s'en dédommageant par l'incendie du village de Saint-Remy, voisin du château. Selon leur coutume, ils répondaient à chacune de nos attaques par l'incendie d'un village ; dans la journée ils avaient déjà brûlé Sainte-Ruffine, comme représailles des coups de canon tirés du fort Saint-Quentin sur leur camp établi près de ce village. La prise de possession de Ladonchamp nous avait coûté cependant une centaine d'hommes, dont deux officiers supérieurs tués.

Ces incidents ne nous empêchaient pas d'avoir les yeux tournés vers le général Bourbaki, dont nous attendions toujours le retour ; les journaux de Metz nous apportaient des espérances ; ils nous montraient la situation des Prussiens autour de Paris comme mauvaise, mais ils ne nous faisaient pas connaître la source de leurs renseignements.

A mesure que les journées s'écoulaient, elles prenaient une importance et une gravité qui n'échappaient à personne ; toutes les conversations roulaient sur les mêmes sujets. Dans ce qui se passait autour de nous, nous lisions notre avenir ; nos regards se portaient vers Paris, vers la France entière, et pour nous c'était l'inconnu. Nous ne savions rien de ce qui se passait. On nous avait dit que les élections devaient avoir lieu le 2 octobre ; pour nous c'était l'avenir, mais nous ne pouvions nous empêcher de reconnaître que des élections générales, au milieu de circonstances aussi difficiles, dans un pays aussi tourmenté, étaient presque impossibles sans une entente préalable avec l'ennemi, et rien n'avait transpiré relativement à cet accord ; aussi, sans être découragés, étions-nous préoccupés, et il était temps que quelques nouvelles précises vinssent modifier l'état des esprits. Néanmoins, chacun n'avait qu'une pensée : celle du devoir ; qu'un désir : celui de tout faire pour le pays.

Nos petites actions militaires se succédaient cependant ; le 3, dans l'après-midi, des coups de canon furent tirés sur Ladonchamp ; on voyait dans la plaine un mouvement d'infanterie prussienne le long du chemin de fer, entre Bellevue et le château ; on croyait à une attaque et on envoya une brigade de la garde comme soutien, mais c'était une fausse alerte ; aucune tentative ne fut faite sur notre position qui était, du reste, déjà en état de résister, même à un assaut. Des tranchées avaient été creusées en avant et autour du château ; la ferme de Sainte-Agathe était reliée à Ladonchamp par une tranchée; une autre reliait le château avec la Maison-Rouge ; on pouvait circuler à l'abri entre ces points.

La ferme de Sainte-Agathe était abondamment pourvue de fourrages ; ils furent enlevés par des corvées régulières pendant la nuit; cette opération s'est faite sans que l'ennemi ait songé à nous inquiéter.

Des bruits favorables pour nos armes continuent à se répandre; on nous dit que, d'après une lettre trouvée sur la table d'un officier prussien à Lessy lors de l'attaque du village, le 1er octobre, la position de l'armée prussienne devant Paris ne serait pas bonne; les différentes parties de cette armée n'auraient pas de communications faciles entre elles; les chemins de fer coupés rendraient leurs approvisionnements très-difficiles et les attaques répétées des colonnes de partisans les gêneraient beaucoup; et sur ces nouvelles chacun faisait ses commentaires, chacun construisait son château. Mais quelque chose de plus précis, de plus positif nous arrive: c'est l'ordre de nous approvisionner de quatre jours de vivres, de simplifier, autant que possible, le bagage, de laisser même la plupart des voitures d'ambulance. Que va-t-il se passer? cette grande question domine toutes les autres, on pressent une sortie et on suppute ses chances de réussite.

Certainement, beaucoup de choses nous sont défavorables; mais on espère encore en l'énergie individuelle, en la bonne volonté de tous.

Dans les groupes, le pour et le contre sont débattus, et malheureusement le contre fournit un contingent de réflexions fort attristant; nous n'avons plus de cavalerie, plus d'attelages d'artillerie, et c'est là surtout le plus grand défaut de notre situation.

En effet, nos chevaux, fort réduits par les maladies et la consommation journalière, pour l'alimentation de l'armée et de la population, sont incapables de faire le service des batteries de campagne; nous aurions donc, en cas de bataille, une effrayante infériorité. Quant à notre cavalerie, elle n'existe plus; les chevaux n'ont plus de forme; ils se mangent entre eux; plus un n'a de queue, ni de crinière; les malheureuses bêtes sont si affamées que les écorces d'arbres sont partout rongées; le bois lui-même est attaqué au point de voir des arbres abattus par l'action incessante des dents au même endroit.

L'évidence de notre situation n'échappe à personne, et cependant il n'est que trop évident aussi que nos ressources s'épuisent et qu'il faut prendre un parti. Rester sur place, c'est la chute à échéance déterminée; sortir de vive force, c'est courir au-devant d'une défaite probable, pour ne pas dire certaine, amoindris comme nous le sommes par la disparition de nos principaux moyens d'action. Néanmoins, tout en pensant ainsi, chacun fait taire son appréciation ; on est heureux des préparatifs de départ qui présagent une action sérieuse et on attend les ordres avec l'espérance de voir surgir quelque chose d'imprévu, car, en dehors de notre situation propre, il y a le pays tout entier qui peut faire des efforts et changer la face des choses.

Ces illusions étaient entretenues par les nouvelles de chaque jour.

Le 4, le bruit se répandait dans Metz et nos camps que les Prussiens avaient éprouvé une défaite telle qu'ils avaient été obligés d'éloigner leur quartier général et de le porter à la Ferté-sous-Jouarre ; d'autres disaient à Épernay, et nous pensions que, si l'armée prussienne n'avait pas pu entrer de suite dans la capitale, sans défense, elle serait obligée de passer par les longues opérations d'un siége, pendant lequel les armées de l'extérieur pourraient se constituer avec des éléments incomplets, il est vrai, mais racheter la qualité par la quantité. On nous parlait du soulèvement des campagnes, des bandes de francs-tireurs, des sacrifices faits partout pour organiser la défense du sol, et nous voyions, dans cette noble surexcitation des esprits, des promesses de succès ; aussi il nous tardait de savoir si nous pourrions joindre nos efforts aux efforts de tous.

La pensée qui avait dominé jusqu'alors était que Paris ne pourrait pas tenir contre l'armée prussienne, que, son armement étant incomplet, la grande ville devrait céder après un temps fort court, surtout devant les privations que l'investissement devait amener, et on se disait, non sans quelque vraisemblance, qu'une capitulation devenant nécessaire, les exigences du vainqueur seraient d'autant moindres que nous avions encore en campagne une armée plus forte, et que l'une de nos principales villes fortifiées serait plus éloignée du moment de sa chute; dans ce cas, l'armée de Metz devait avoir une influence sur les négociations et l'on pensait que, ne pouvant faire mieux, elle rendrait au moins ce service au pays en se maintenant le plus possible et surtout en immobilisant l'armée prussienne d'investissement.

Il y avait ce jour-là grand conseil de guerre chez le commandant en chef; il a duré fort longtemps; à six heures il n'était pas encore terminé.

La journée du 5 s'est passée sans ordre de

mouvement; il paraît cependant certain qu'on en opérera un, car on évacue sur Metz non-seulement tous les malades et blessés, conservés dans les ambulances divisionnaires et régimentaires, mais encore tous les malingres, dont la présence pourrait être un embarras.

Dans la prévision de ce départ, beaucoup d'officiers déposent à Metz des lettres et quelques objets précieux. On pressent qu'il y aura une lutte sérieuse et sanglante qui pourra se prolonger, car, au delà de nos lignes, il n'y a plus pour nous de point d'appui, de base d'opération; c'est à peu près l'aventure avec ses désavantages.

Le 6, il est probable que nous n'opérerons pas le mouvement dont on a tant parlé, trop parlé, car depuis deux jours il n'est bruit que de cela dans la ville, et, avec les nombreux espions dont nous sommes entourés, l'ennemi doit savoir ce qu'il était question de réaliser. On avait cependant déjà fait quelques préparatifs; on avait réuni bon nombre de wagons, réparé la voie du chemin de fer dont on espérait pouvoir tirer parti, au moins pour ramener des vivres et des fourrages.

Les conseils pour l'inaction avaient donc prévalu, et malheureusement pour de bonnes raisons;

car, sans tenir compte des nombreux ouvrages établi par les Prussiens dans la vallée de la Moselle, pou défendre tous les passages, il était certain que notr position matérielle ne nous permettait pas de tente une grande entreprise. Cela reconnu, il devenai indispensable de diminuer au plus tôt la ration d vivres. Déjà, pour éviter la perte totale des chevau qui mouraient chaque jour, on avait pensé à e abattre, pour les préparer en conserves, et M. l Dr Demortain avait réussi à réaliser ce problème son expérience avait été très-concluante; on lui avai donné un cheval en vie, cinq heures après il fournissait l'animal en conserves : il pouvait préparer, pa jour, de 50,000 à 60,000 rations à 300 grammes la seule difficulté qu'il rencontrait consistait dans l soudure des boîtes pour laquelle il n'avait pas à s disposition un nombre assez grand d'ouvriers habitués.

Cependant les nouvelles ne cessent pas de se répandre; on nous dit aujourd'hui que les Prussiens ont pris position à Montretout; mais on ne nous dit rien, ni du général Bourbaki, dont nous attendons toujours le retour, ni des élections qui ont dû être faites le 2; ce sont des causes bien légitimes de préoccupation, et, pour nous en distraire, les

Prussiens font entendre leur éternelle canonnade sur le château de Ladonchamp.

Le 7 octobre, à défaut du mouvement en avant que, décidément, nous ne reconnaissons pas la possibilité de faire, nous tentons d'effectuer aujourd'hui ce que l'on appelle un *fourrage,* c'est-à-dire d'aller chercher aux grandes et petites Tapes, fermes très-importantes, un certain nombre de quintaux de blé en gerbes qu'on dit y être déposé; 30,000 quintaux, dit-on.

Cette opération fut jugée assez difficile et on la confia à la garde, qui désirait concourir aux opérations presque journalières dont tous les corps avaient eu leur part.

Vers dix heures, on prévint la division de voltigeurs à laquelle on adjoignit les compagnies de partisans du 6e corps.

Le général Tixier à droite, le général Levassor-Sorval à gauche, devaient faire un mouvement combiné, et le général de Ladmirault, commandant le 4e corps, devait s'emparer des hauteurs de Saulny, afin de paralyser le feu des batteries établies dans ce village.

Le 4e corps commença son mouvement vers onze heures et s'empara en effet de Saulny, pendant que les partisans du 25e et du 26e, sous la conduite du général Gibbon, du 6e corps, ainsi que les chasseurs à pied de la garde, attaquaient le bois de Woippy pour marcher sur la ferme de Bellevue.

Cette attaque fut enlevée avec beaucoup d'entrain, quoique les batteries de Sémécourt fissent un feu des plus nourris sur nos tirailleurs.

La batterie de Bellevue fut abordée par les chasseurs à pied ; ils en chassèrent et tuèrent les artilleurs, mais ne purent conserver cette position contre laquelle l'ennemi fit un retour offensif avec des renforts.

Cette marche en avant sur notre gauche coïncidait avec l'attaque du centre par les voltigeurs de la garde. Ces régiments, déployés en tirailleurs, marchèrent résolûment sur deux lignes successives jusqu'aux petites Tapes, grandes fermes situées à quatre kilomètres environ de la Maison-Rouge.

A droite, la division Tixier avait envoyé de nombreux tirailleurs sur la rive gauche de la Moselle pour inquiéter les servants des batteries ennemies établies sur les hauteurs de la rive droite.

Notre ligne de bataille s'avançait ainsi sur une étendue de trois à quatre kilomètres et sous un feu violent d'artillerie produit par les batteries de

Bellevue, de Sémécourt à gauche, de Malroy à droite, toutes batteries de position, et par des batteries de campagne nombreuses établies sur tous les points qui offraient une position favorable.

Chemin faisant, nos soldats rencontrèrent les tranchées ennemies, garnies de défenseurs, et d'où partait un feu de mousqueterie des plus vifs. Il fallut enlever ces positions l'une après l'autre pour arriver au point désigné : les *Tapes*, où l'on croyait rencontrer un grand approvisionnement de blé et de fourrages. Mais malheureusement il n'y avait plus rien; les Prussiens avaient transporté dans leurs magasins toute la récolte de l'année.

Notre but était donc manqué et il fallut faire rétrograder tout notre monde qui venait de faire au prix de grandes pertes une besogne inutile.

De nombreuses voitures du train, des voitures régimentaires, avaient été massées dans une prairie sur la droite de la Maison-Rouge; on leur fit faire un mouvement en avant, quand on vit nos lignes d'infanterie à la hauteur des Tapes, mais les obus bien dirigés frappèrent au milieu du convoi et y causèrent du désordre en effrayant les chevaux; ces voitures, rendues inutiles par l'absence de chargement, rentrèrent au camp, et le mouvement de retraite commença aussi pour les troupes. Il s'opéra en très-bon ordre sur toute la ligne.

Cette opération, qui devait être peu de chose, a cependant pris de sérieuses proportions. Engagée d'abord avec une brigade de la garde et les chasseurs à pied, on fut obligé d'appeler comme soutien la seconde brigade de voltigeurs, puis les zouaves de la garde, et vers le soir deux régiments de grenadiers.

La 4e division du 6e corps a été engagée tout entière, comme action et comme soutien, ainsi qu'une partie de la 1re division; nous avons successivement appelé toutes nos batteries d'artillerie, soit de la garde, soit du 6e corps.

Comme toujours, les Prussiens ont fait un feu formidable d'artillerie; les obus se croisaient dans la plaine et levaient, en éclatant, des colonnes de poussière et de fumée. Tout autour de nous, des globes de feu et de fumée bleuâtre annonçaient les coups tirés, et à chaque instant nous constations de nouvelles pièces de canon, là où nous ne les soupçonnions pas, et ces projectiles étaient lancés à la distance de 3,000 et 3,500 mètres.

Le château de Ladonchamp, placé au centre de l'action, a surtout été l'objet d'une canonnade furibonde. Un adjudant, de garde dans le château, a compté 853 obus qui ont éclaté dans les jardins et les bâtiments, mais sans faire beaucoup de mal, grâce aux abris creusés pour protéger les défenseurs; aussi, malgré cette quantité de projectiles, nous n'avons eu, là, qu'un tué et une douzaine de blessés.

Pendant que l'action se passait dans la plaine, le 3e corps avait envoyé une division, sur les hauteurs de la rive droite de la Moselle, pour contre-battre les batteries de cette rive, mais nous avons constaté que cette diversion n'avait pas été fort efficace. Les batteries de Malroy, d'Olgy et les batteries de campagne n'ont pas cessé de diriger leur feu dans la plaine.

Nous avons eu beaucoup de monde hors de combat, beaucoup trop, eu égard au résultat; dans les ambulances établies à Woippy, à la Maison-Rouge, à la Grange-aux-Dames, on a inscrit plus de 500 blessés, et les chiffres officiels sont supérieurs. Ils comprennent 3 généraux blessés, 64 officiers et près de 1,000 hommes tués ou blessés; nous avons, toutefois, fait plus de prisonniers que dans aucune autre affaire, le nombre s'élève à 700 environ, tous hommes de trente à trente-cinq ans, forts, bien portants et appartenant à la landwehr du grand duché de Posen, presque tous pères de famille et exprimant le plus vif désir de voir bientôt se terminer la guerre.

L'expérience de cette journée démontrait suffisamment l'impossibilité de tenter un passage de vive force.

Il y a des vérités qu'il faut savoir reconnaître et des situations qu'il faut savoir regarder en face; nous ne pouvons pas sortir par la force, il faut donc diriger nos efforts vers la solution la plus honorable possible; c'est l'opinion de presque tous les officiers. Les plus entreprenants, les plus téméraires reconnaissent qu'une action violente compromettrait tout ce qu'il nous reste d'armée, déjà malheureusement tant réduite.

Pour les Prussiens, nous aurons essayé de percer leur ligne afin de battre en retraite. Ils étaient, au dire des prisonniers, prévenus depuis plusieurs jours que nous devions tenter de nous frayer un passage pour gagner Thionville, et, dans cette prévision, ils avaient accumulé des forces sur plusieurs points. Nous savions, du reste, depuis quelques jours aussi, qu'il y avait sur le plateau de Gravelotte une quarantaine de mille hommes, prêts à se porter sur la route que nous suivrions.

A ces faits, déjà si concluants, s'ajoutaient des renseignements qui ne faisaient que confirmer notre impuissance. Nous venions d'apprendre qu'une partie de l'armée allemande, qui assiégeait Strasbourg, était arrivée devant Metz. Dans cette occurrence, nous sentions plus que jamais l'importance de tenir le plus longtemps possible dans nos positions pour immobiliser l'armée du prince Frédéric-Charles. Celle-ci n'attendait que le moment de quitter Metz pour Paris; son maintien sur place était subordonné à la durée de nos vivres, et nous savions déjà que nos jours étaient comptés.

Le 8, on parlait vaguement d'une lettre du général Coffinières, dans laquelle était établi le bilan de la situation en denrées. Il y avait, disait-on, en magasin, environ 900,000 rations pour 150 à 160,000 rationnaires. Il était donc absolument nécessaire de réduire considérablement la ration et de mettre en consommation la réserve des forts pour prolonger de quelques jours l'existence de l'armée et de la ville, dont les besoins, par jour, dépassaient 300 quintaux.

C'est dans cette grave circonstance que se faisait vivement sentir le regret de n'avoir pas vu prendre plus tôt les mesures nécessaires pour diminuer successivement la ration et de n'avoir pas étendu, dès le premier jour, le périmètre de nos camps pour englober les villages encore pourvus de précieuses ressources; car, au moment où nous étions, chaque jour pouvait apporter des modifications importantes dans notre situation, en permettant au pays de réaliser ses projets de délivrance, quels qu'ils fussent, tandis que, pressés par la nécessité, nous pouvions tout compromettre, forcés que nous étions de subir les lois de rigueur imposées par la faim.

Le commandant en chef ne pouvait pas dissimuler plus longtemps la gravité de cette situation. Il la fit connaître aux différents corps d'armée et demanda l'avis de tous les généraux de division sur les mesures qu'il était opportun d'adopter dans la circonstance.

Ces messieurs se réunirent chez leurs commandants de corps respectifs, et, après une longue délibération, émirent l'avis que, vu les forces, infiniment supérieures aux nôtres, qui nous entouraient et les tentatives infructueuses qui avaient été faites contre les lignes ennemies; vu la destruction presque complète de nos chevaux d'artillerie et de cavalerie, et l'épuisement complet de nos vivres, il y avait lieu de traiter avec l'ennemi pour obtenir une convention honorable; c'est-à-dire de partir avec armes et bagages, et sous la condition de ne pas servir contre la Prusse pendant la durée de la guerre.

Une restriction avait cependant été faite à cette décision : c'est que, dans le cas où les exigences de l'ennemi dépasseraient celles qu'il était honorablement possible d'accepter, il fallait tenter de traverser les lignes prussiennes coûte que coûte.

Cette résolution avait dû coûter beaucoup à nos généraux; elle prouvait que chacun avait le sentiment de notre impuissance, devenue, il faut le dire, complète par la perte successive de nos attelages d'artillerie et de notre cavalerie.

Le 9, le temps était affreux, le vent soufflait avec violence et la pluie tombait à torrents. Tant qu'avait duré le beau temps, nous avions eu l'espoir de conserver nos chevaux quelques jours de plus, malgré leur peu de nourriture, qui consistait en un pacage illusoire dans le voisinage de nos avant-postes; mais la pluie froide allait en abattre par centaines, qu'il faudrait traîner aux tranchées d'enfouissement, et nous avions à craindre, pour nos soldats, les maladies qu'amène le froid humide; car nous savions, par l'expérience des habitants, qu'à cette époque de l'année les pluies sont incessantes dans le pays.

Vers neuf heures, on prévint que des colonnes prussiennes se formaient sur trois points, en avant de Ladonchamp; dans la prévision d'une attaque, on renforça les postes et les soutiens. Les batteries de Sémécourt ouvrirent une vive canonnade sur le château; mais on attendit vainement l'attaque de l'infanterie, que l'on voyait, cependant, massée à quelque distance sur la route de Thionville. Les hommes, ne trouvant plus d'abri dans les constructions, restaient dans les tranchées; le sous-sol, occupé par les cuisines, était la seule partie du bâtiment qui fût habitable; encore un obus démolit-il une cheminée, dont les matériaux écrasèrent la marmite des officiers.

Le maréchal Canrobert avait toujours regretté l'occupation, inutile pour nous, de Ladonchamp; cette position ne pouvait être qu'un nid à obus. C'était en effet une mauvaise opération qui a considérablement augmenté les fatigues du 6e corps sans compensation.

A partir de demain la ration de pain sera réduite à 300 grammes; la ration de viande de cheval sera portée à 750 grammes et la troupe recevra 25 centimes par jour. Nos vivres ainsi réduits ne pourront pas nous conduire au delà de dix jours, et nous n'entrevoyons pas de solution favorable avant cette époque. Au contraire, d'après des journaux allemands trouvés sur des Prussiens tués, l'armée allemande serait sur la route de Cherbourg, sur celle de Bourges, et elle ne devrait commencer le bombardement de Paris que le 20, après la chute de Metz.

Pourquoi cette date si précise, comme si l'ennemi avait supputé le chiffre de nos ressources? Leur espionnage était si bien organisé qu'il ne faut pas s'étonner de renseignements aussi positifs.

Le 10, la pluie continue avec fureur, nos camps sont des lacs, et la température a beaucoup baissé. C'est un nouvel ennemi avec lequel il faut compter, car il ne manquera pas d'amener de grands et prompts ravages dans le peu qu'il nous reste de chevaux, dont les cadavres au milieu de nos camps faisaient déjà ce matin la plus douloureuse impression.

Dans l'après-midi les commandants de corps d'armée ont tenu conseil chez le commandant en chef; la séance a duré trois heures.

Dans ces circonstances solennelles, nous cherchions avec une curiosité inquiète le moindre indice pouvant nous faire connaître les grandes questions qui se débattaient. Le Ban-Saint-Martin était le rendez-vous de tous les impatients; nous allions à la rencontre des officiers d'état-major, comme s'ils avaient pu nous renseigner; mais le mystère était et devait être impénétrable; une indiscrétion aurait pu compromettre les décisions; nous savions bien cependant que notre dernière partie était engagée, et qu'elle ne s'offrait pas avec des chances favorables.

Il ne pouvait être question que d'un arrangement au mieux de nos intérêts; mais nous ne pouvions pas avoir confiance dans la générosité du vainqueur et moins encore dans une sortie violente, où nous aurions laissé la moitié de nos soldats, avec la probabilité d'être entourés quelques heures après et faits prisonniers; aussi comme chaque heure pesait sur notre impatience! On attendait une solution, on l'aurait voulue immédiate pour consommer le sacrifice, s'il y avait lieu, et, malgré la conscience que nous avions de notre situation, si un suprême et héroïque effort avait été exigé, tout le monde y aurait répondu, moins encore par devoir que par conviction, que par patriotisme; mais, si nous pouvions offrir notre bonne volonté, les chefs seuls pouvaient apprécier l'opportunité.

Le 11, le temps est redevenu beau ; nos camps se sèchent, la gaieté renaît sous l'influence du soleil; malheureusement il fait froid la nuit.

Une nouvelle à laquelle nous ne pouvons croire, tant elle est bonne, circule dans Metz. Les Prussiens auraient été battus à Paris et forcés de porter leur quartier général à Châlons ; les francs-tireurs des Vosges auraient repris Lunéville et marcheraient sur Nancy. Ces nouvelles auraient été apportées par des prisonniers venant de Strasbourg et rendus à l'armée de Metz, en échange de prisonniers prussiens. A leur passage à Nancy, la population, accourue à la gare, aurait crié : « Tenez bon à Metz, tout va bien à Paris. » A côté de ces bonnes nouvelles, il y en avait d'autres moins favorables. Quelques forts des environs de Paris auraient été pris par les Prussiens; mais le fait saillant de la journée est l'enlèvement de l'aigle au-dessus de l'hôtel de ville de Metz et au drapeau ; un membre de la municipalité a procédé à cet enlèvement qui a été salué du cri de : Vive la République, par une partie de la population qui stationnait sur la place.

Cette manifestation, pensait-on généralement,

se produisant au moment où les élections allaient se faire, aurait pu être encore retardée; car on nous avait apporté la nouvelle que les élections, qui auraient dû avoir lieu le 2, étaient remises au 16.

Pendant toute cette journée, les rues de la ville n'ont cessé d'être encombrées de curieux avides de recueillir les nouvelles apportées par les prisonniers. On les commentait de cent façons; les paroles proférées au passage du train à Nancy avaient quelque chose de particulièrement rassurant; car nous étions convaincus qu'en dehors de nos lignes d'investissement il ne pouvait circuler que des nouvelles vraies; on ne répétait donc pas ces bruits sous la forme dubitative, on affirmait; aussi s'est-on préoccupé en haut lieu de l'origine de cette nouvelle, et voici ce que l'on apprit.

Un sous-officier du génie, fait prisonnier à Strasbourg et rendu à l'armée française, avait reçu d'un capitaine d'infanterie, dont la femme habitait Metz, la mission de remettre une lettre à cette dame. Cet officier avait appris, par des bruits qui circulaient à Strasbourg, la nouvelle fausse, qui nous était déjà parvenue plusieurs jours auparavant, de la retraite du quartier général prussien sur la Ferté, et il l'écrivait à sa femme comme une réalité. Le sous-officier, qui avait déjà donné au quartier général les bruits qu'il avait recueillis à Strasbourg, avait été invité à ne pas les divulguer avant confirmation et il s'était tu; mais la dame avait communiqué sa lettre et bientôt cette nouvelle, passant de bouche en bouche, se répandit dans toute la ville, au point que le maréchal Bazaine dut la démentir officiellement en affirmant « qu'il n'avait aucune nouvelle des heureux faits de guerre qui se seraient passés à Paris, et que depuis le blocus il n'avait eu aucune communication du gouvernement, malgré toutes les tentatives faites pour établir des relations. »

Le 12 au matin, nous apprenons le départ du général Boyer pour le quartier général prussien; il est accompagné par un officier du prince Frédéric-Charles et va, dit-on, régler avec le roi de Prusse, les conditions d'une convention militaire. Les bruits sont même très-explicites : ils affirment que dans le conseil de guerre tenu il y a deux jours il a été décidé que cette démarche serait tentée pour obtenir une convention sur les bases de celle que Masséna a obtenue à Gênes, ou Kléber à Mayence, ou Saint-Cyr à Dresde. Dans ce but, on aurait pris à la bibliothèque de l'Ecole d'application les minutes de ces capitulations, pour servir de base à celle que nous sollicitons. Si nous l'obtenons, il est certain que l'armée du Rhin ne pourra plus, dans aucun cas, servir contre la Prusse pendant la durée de la guerre.

Le départ du général Boyer n'était pas sans éveiller de vives inquiétudes; on pensait généralement que le prince Frédéric-Charles était muni de pleins pouvoirs pour traiter et que l'on pouvait, sur place, et sans perdre de temps, entrer en arrangement avec lui; l'absence du général pouvait se prolonger et il était évident pour nous que, poussés à nos dernières limites, nous pourrions beaucoup moins demander à l'ennemi, dont la loi serait d'autant plus dure que nous serions davantage dans la nécessité de la subir.

Les journées allaient donc se passer dans une anxiété d'autant plus grande que déjà nous avions perdu l'espérance de voir se réaliser la meilleure solution.

Malgré notre situation, qui touchait à un dénoûment, les Prussiens n'en continuaient pas moins leur feu régulier sur Ladonchamp. Les batteries de Sémécourt et de Malroy y envoyaient leurs obus de quart d'heure en quart d'heure, et ce n'était pas sans pertes journalières.

Les Prussiens ont demandé un armistice pour enterrer les morts qui se trouvent entre leurs lignes et Ladonchamp; il est accepté pour demain matin.

Le 13, de huit heures à une heure, a eu lieu l'armistice pour enterrer les morts laissés, le 7, entre nos lignes et celles des Prussiens. Cette pénible opération s'est faite avec le cérémonial habituel. Des deux côtés les officiers et les soldats ont montré beaucoup de courtoisie. Entre autres nouvelles, les officiers prussiens nous ont communiqué celles qu'ils recevaient de Paris, relativement à la mésintelligence existant entre les partis et même entre les membres du gouvernement. La fusillade aurait même été entendue dans les rues. Quoique nous fussions peu disposés à ajouter foi aux nouvelles de source prussienne, nous ne pouvions cependant nous défendre d'une certaine émotion chaque fois que nous recevions une nouvelle fâcheuse; car il était malheureusement vrai que tout ce qui nous avait été apporté par la voie prussienne n'avait pas été démenti, et, bien que nous n'eussions jamais été en position de vérifier l'exactitude de leurs renseignements, les faits nous prouvaient assez que, s'ils avaient modifié la forme, ils n'avaient pas dénaturé le fond.

Le 14, plus nous avancions vers le dénoûment et plus les esprits s'exaltaient, s'aigrissaient; les bruits les plus fâcheux se répandaient. On accusait les chefs, on accusait l'armée. Des groupes se formaient dans les rues de la ville, pour se plaindre de l'attitude du maréchal Bazaine et crier même à la trahison. On l'accusait d'avoir de fréquentes relations avec le chef de l'armée allemande, de dîner souvent chez lui; on en concluait que, dans ces relations, la capitulation avait déjà été traitée, et l'on protestait, on ne voulait pas entendre parler de capitulation. Déjà dans la soirée de la veille des gardes nationaux s'étaient rendus chez le général Coffinières pour porter leur protestation et donner l'assurance que tout leur dévouement était acquis à la cause du pays et à la défense de la cité. Ces sentiments étaient louables, étaient nobles, et l'on comprend tout ce que devaient ressentir des cœurs généreux aux prises avec les cruelles difficultés d'une situation sans issue; mais l'écueil à éviter était l'exagération et ce n'était pas facile. Au point où nous en étions arrivés, les sacrifices à faire pour nous soustraire à la douloureuse extrémité qui nous menaçait étaient trop grands et le résultat surtout était plus qu'incertain; la raison, la conscience, le devoir devaient faire rejeter toute entreprise téméraire, qui nous aurait conduits à quitter nos positions pour courir au-devant de l'anéantissement de notre armée et donner à l'ennemi un triomphe par trop facile.

L'armée elle-même n'était pas à l'abri des accusations; on parlait du laisser-aller des officiers, de l'indiscipline des soldats, c'est une erreur; quelques faits isolés ont seuls donné lieu à une généralisation regrettable. Il est au contraire avéré que, malgré les conditions fâcheuses, physiques et morales qui auraient pu provoquer le relâchement de la discipline dans l'armée, celle-ci a toujours été pleine de dévouement et d'abnégation; elle a supporté les intempéries, la mauvaise nourriture, avec une résignation qui ne s'est pas même démentie au milieu des privations. Malgré cela, la souffrance générale poussait à l'injustice ; on accusait arbitrairement, sans trop savoir si les accusations étaient fondées, on les accréditait comme on accréditait tous les bruits de l'extérieur, quels qu'ils fussent, bons ou mauvais.

C'est ainsi que la vive canonnade que nous

avons entendue pendant toute la journée, dans la direction du nord-ouest, a été de suite attribuée à une armée de secours, et l'on s'indignait que le commandant en chef ne fît pas immédiatement sortir une partie de ses troupes, pour aller au-devant d'elle. Nous étions cependant bien convaincus que nous ne pouvions attendre aucun secours extérieur, et que les masses armées qui avaient pu être réunies avaient assez affaire autour de Paris; mais qu'importe? Il était bien plus naturel, cependant, de penser au bombardement de Thionville, et c'est en effet ce qui se passait. Nous apprîmes le lendemain, par des officiers prussiens, aux avant-postes, que la canonnade de la journée et de la nuit était dirigée sur Thionville.

Le 15, l'effervescence des jours derniers paraissait un peu calmée; cependant, on accusait toujours le maréchal Bazaine de projets ambitieux; on lui attribuait des plans de restauration bonapartiste, dans lesquels il se réservait un rôle prépondérant. Il est vrai que tout ce qui a été dit de M. Reignier pouvait donner une apparence de vérité à ces suppositions; mais de là aux assurances qui étaient formulées il y avait loin.

Dans tous les cas, le commandant en chef supportait les conséquences de l'hésitation qu'il avait montrée dans plusieurs circonstances, et dont personne ne soupçonnait la cause ; aussi, la critique sévère s'exerçait-elle sur les actes de son commandement, au point de vue militaire et politique.

Mais autant il est admissible d'examiner et de discuter sérieusement des actes qui sont devenus du domaine de tous, autant il faut regretter des appréciations violentes qui ne sont le résultat d'aucun examen, même superficiel, des faits ; malheureusement, nous avions souvent, dans ces derniers jours, des exemples de l'irréflexion la plus manifeste, et même d'une bonne foi douteuse.

Une nouvelle venait de se répandre : on disait que M. de Bismarck avait télégraphié que le général Boyer ne pourrait voir le Roi que le 14; ce nous semblait d'un bon augure pour un arrangement avantageux, et, cependant, nous ne pouvions nous défendre de nous demander s'il serait bien avantageux, l'arrangement qui nous permettrait, par exemple, de nous rendre sur un point quelconque de la France, où nous serions forcés de rester spectateurs des efforts du pays pour chasser l'ennemi du territoire. Nous serions bafoués, conspués. Ne vaudrait-il pas mieux être prisonniers que d'en être réduits à faire, peut-être, la police chez nous?

Le 16, le temps, qui hier s'était remis à peu près au beau, est redevenu pluvieux; aucune nouvelle n'a circulé.

Depuis quelques jours, nos avant-postes se relâchaient un peu de leurs devoirs militaires; quelques hommes allaient même jusques auprès des lignes prussiennes pour chercher des pommes de terre. La terre avait déjà été fouillée dans tous les sens, et quelques tubercules, échappés aux premières recherches, devenaient maintenant si précieux que les soldats grattaient le sol pour que rien ne leur échappât.

Les soldats prussiens laissaient faire, par une sorte de convention tacite qui n'est pas rare aux avant-postes quand les hommes ne sont pas armés et sur la défensive. Quelques-uns vinrent causer avec nos soldats, d'autres suivirent et bientôt ce fut un échange de politesse, dont le but caché pouvait être de provoquer la désertion par le récit de l'abondance dans laquelle on se trouvait au camp prussien, mais cette propagande fut sans effet.

L'autorité, se préoccupant justement de cette dérogation aux lois militaires, fit défendre tout écart de ce genre.

Le 17, tous les esprits sont tournés vers le général Boyer, dont on attend le retour avec d'autant plus d'anxiété que nos vivres sont à peu près épuisés.

Les batteries ennemies et les nôtres font un silence absolu; ce fait est si inaccoutumé que chacun fait la même remarque : on va même jusqu'à en augurer bien.

Le 18 au matin, nous apprenions que le général Boyer était rentré dans la nuit.

A neuf heures, les chefs de corps d'armée étaient convoqués chez le maréchal commandant en chef, pour entendre les communications que le général avait à faire. Nous savons que le général est parti avec des officiers du prince. Ils ne l'ont pas quitté pendant le voyage, et même, à Versailles, il a été l'objet d'une surveillance assez attentive pour ne lui permettre aucune communication avec personne.

Le général a voyagé en chemin de fer de Metz à la Ferté-sous-Jouarre. A cet endroit l'effondrement d'un tunnel ayant rendu la route impraticable, les Prussiens ont organisé un service de poste jusqu'à Versailles.

Le général a mis deux jours pour faire sa

route ; il a été reçu, à son arrivée, par M. de Bismarck, qui lui aurait donné les plus tristes détails sur la situation intérieure de la France.

« D'abord, aurait-il dit, le gouvernement de la défense nationale n'a pas d'homogénéité, l'harmonie ne réside pas entre ses membres, il n'y a entre eux aucune entente ni dans les voies ni dans les moyens d'arriver à une solution. Aussi le Roi, qui n'aurait pas demandé mieux que de traiter depuis longtemps, s'est-il vu forcé de refuser tout arrangement avec le gouvernement provisoire, qui n'offre aucune garantie. »

M. de Bismarck a cependant reçu M. Jules Favre, « en qui il n'a pas trouvé un sens pratique suffisant pour pouvoir traiter toutes les questions. »

S'attachant à démontrer l'état des esprits dans le gouvernement de la défense, M. de Bismarck ajoutait : « La désharmonie est si grande entre les membres du gouvernement, que M. Gambetta a quitté Paris, en ballon, pour se rendre à Tours, afin d'amener à son opinion M. Crémieux. C'est cette mésintelligence qui est la cause principale de la situation.

« Le Roi aurait voulu traiter, continuait le chancelier, mais il n'y a en France aucun gouvernement; non-seulement toute la France ne reconnaît pas celui qui s'est constitué, mais les membres de ce gouvernement ne s'entendent pas entre eux. Dans une pareille occurrence, le Roi est décidé à s'organiser pour faire prendre à son armée ses quartiers d'hiver sur la place même. Le seul gouvernement qui offrirait pour le moment une garantie est celui de la régence; c'est le seul qui existe de par la volonté du pays. Il a été expulsé violemment, et cette expulsion n'entraîne pas sa déchéance. L'armée du Rhin est la seule force, le seul pouvoir organisé, et, aux yeux du Roi, il reste tel jusqu'à ce que le pays en ait décidé autrement. Sa Majesté traiterait donc avec la régence, appuyée par l'armée du Rhin. »

S'étendant sur la situation intérieure de la France, M. de Bismarck disait encore au général : « La Normandie, Rouen et le Havre ont demandé des soldats que j'ai donnés; ils montent la garde avec la garde nationale. La Bretagne, dont le zèle religieux est excité par les prêtres, veut se battre, moins par sentiment de patriotisme que par haine contre les protestants allemands. Lyon a proclamé la république rouge, dont le drapeau flotte sur les édifices publics; elle a son gouvernement spécial; Marseille a sa commune. En un mot, il n'y a d'entente nulle part et le gouvernement de la défense nationale est si peu certain d'avoir l'approbation du pays qu'il n'a pas permis que les élections se fissent le 16, quoique le Roi eût donné son adhésion à la plus grande liberté électorale. » Puis il ajoute : « Pour moi, donc, il n'y a de régulier que le gouvernement qui a été violemment expulsé, c'est-à-dire la régence et les chambres. »

Tels sont en substance les renseignements apportés par le général Boyer et communiqués, dans la journée même, par les commandants de corps d'armée aux généraux, aux colonels et aux chefs de service.

Il était important que chacun, dans l'armée, fût édifié sur la réalité de la situation. C'était peu, il est vrai, que ces renseignements de source exclusivement prussienne, et beaucoup de personnes n'y ajoutaient qu'une confiance médiocre; mais nous n'étions pas en mesure de pénétrer plus avant dans la vérité.

On s'étonnait avec raison que le général n'eût pas apporté des journaux ou des pièces confirmatives des renseignements prussiens, mais il paraît que, non-seulement pendant la route, mais même à

Versailles, où il avait un planton à la porte de sa chambre, toute communication avec le dehors lui a été interdite et qu'il est rentré à Metz aussi escorté qu'il en était parti.

Cet excès de précautions pouvait déjà, à lui seul, faire penser qu'il était de l'intérêt du chancelier de ne nous faire savoir que ce qu'il voulait, et que le fin diplomate pouvait bien nous tendre un piége, dont il était difficile de pénétrer la profondeur.

Le mieux, dans cette circonstance, eût été de rester en dehors de toute combinaison politique et de se renfermer dans un rôle exclusivement militaire, quelque pénible qu'il fût. Mais, une fois engagé dans cette voie, le commandant en chef voulut tenter une dernière chance, et, après avoir conféré avec les commandants de corps d'armée, il fut décidé que le général partirait pour Londres, afin de connaître les projets de l'Impératrice, qui devait avoir reçu des communications de M. de Bismarck, relativement à des arrangements possibles pour la paix.

Le 19, nous étions sous l'impression des paroles que nous avions entendues et des faits énormes qui s'accomplissaient peut-être. Chacun les commentait selon son inspiration, selon son opinion ; mais au fond on entrevoyait la possibilité d'une délivrance par des moyens honorables. On disait que le général devait prendre les ordres de l'Impératrice, qui viendrait dans une ville de France où seraient réunies les chambres, telles qu'elles existaient avant le 4 septembre, et que là, sous la protection de l'armée du Rhin, la régente traiterait avec le roi de Prusse, et que les chambres ratifieraient le traité, si elles le jugeaient à propos; que c'était le seul moyen de ne pas voir l'ennemi s'éterniser chez nous et de mettre de l'ordre dans nos affaires intérieures si embrouillées.

Personne ne se dissimulait cependant que ce ne fût un acte d'une grande audace, mais rendu presque nécessaire par l'absence de tout pouvoir régulier, reconnu, accepté, et on aimait à se persuader que le but des efforts de l'armée du Rhin était louable, et en dehors de toute idée politique arrêtée; qu'elle n'agissait qu'en vue de la réorganisation du pays et qu'elle ne voulait user de sa force que pour protéger les représentants dans leurs délibérations.

Cependant, il semblait difficile d'admettre que quelques jours suffissent pour régler d'aussi grandes questions, et le doute venait nous assaillir. Nous savions trop que quelques jours seulement nous séparaient du terme fatal de l'épuisement de nos vivres. Déjà le pain était fait avec du blé concassé sans aucun blutage, nos chevaux étaient à peu près épuisés, et avant quatre jours, terme de rigueur, il fallait une solution.

Nous pensions alors que tout était déjà arrangé d'avance, que le voyage du général Bourbaki n'avait pas d'autre but que de préparer cet arrangement et qu'il ne restait qu'à le ratifier. Les illusions étaient encore si grandes que l'on considérait la solution comme certaine, comme prochaine. L'effroi d'une capitulation aurait fait accepter toutes les combinaisons qui ne se seraient pas écartées de la dignité et de l'honneur qu'une armée est toujours jalouse de conserver intacts.

Cependant nous avons été fort inquiets d'apprendre que le général Boyer, qui devait partir le 18, n'était parti que le 19, vers trois heures après midi, par suite de quelques malentendus avec les Prussiens. C'était un jour perdu, et dans les circonstances critiques où nous étions c'était irréparable.

Le 20, on ne parlait, dans nos camps, dans la ville que des nouvelles apportées par le général et de la prochaine solution. De quelque façon qu'on l'envisageât, elle était affligeante; nous étions vaincus, humiliés, et notre patrie était dans la plus affreuse anarchie.

La perspective des événements que nous attendions était loin de satisfaire tout le monde : dans beaucoup de groupes, on se persuadait davantage chaque jour que les rapports de M. de Bismarck au général Boyer étaient fort exagérés et que le fin diplomate pouvait bien nous faire jouer son jeu; que les embarras de l'armée prussienne devant Paris pouvaient être beaucoup plus grands que nous ne le supposions, puisque M. de Bismarck mettait une sorte d'empressement à préparer des combinaisons qui pouvaient lui donner un moyen de traiter avantageusement, le gouvernement, par l'organe de M. Jules Favre, ayant refusé les bases sur lesquelles les négociations pouvaient être entamées.

La situation était des plus délicates, des plus difficiles; mais nous espérions que le commandant en chef saurait débrouiller la vérité et, dans tous les cas, ne se prêterait pas à une combinaison qui pourrait avoir, pour l'honneur de l'armée, des conséquences fâcheuses; nous ne redoutions rien tant que la nécessité d'appuyer un traité qui n'aurait pas l'approbation du pays.

Le 21, nous restons dominés par les mêmes appréhensions; plus que jamais, il nous semble impossible d'admettre que tout ne soit pas arrangé d'avance et que trois ou quatre jours suffiront pour décider l'Impératrice à accepter la grave responsabilité d'un traité et à rentrer en France, au milieu des désordres qui nous sont signalés. Plus que jamais aussi, nous craignons d'être la dupe du diplomate prussien, qui nous imposerait par la ruse un rôle qui ne peut convenir à l'armée du Rhin.

Le 22, les nouvelles générales n'étaient pas bonnes; une dépêche, datée de Luxembourg, annonçait que le général Boyer avait encore éprouvé un retard de vingt-quatre heures; d'autres bruits disaient que le comte de Paris était roi de France, avec MM. Thiers et Trochu pour ministres; c'était à troubler les esprits les plus solides.

Le 24 marquait le terme de nos cruelles incertitudes; dans l'après-midi, les commandants de corps d'armée étaient convoqués chez le commandant en chef pour y recevoir communication d'une dépêche de M. de Bismarck et du général Boyer, annonçant que l'Impératrice refusait de venir au milieu de l'armée pour y convoquer l'ancienne chambre et traiter des conditions de la paix.

Devant cette déclaration, il fut décidé que le général Changarnier se rendrait auprès du prince Frédéric-Charles pour obtenir de sa générosité qu'il laissât sortir l'armée avec les honneurs de la guerre, et l'engagement de ne plus servir contre la Prusse pendant la campagne.

Le général Changarnier devait tenter, de suite, cette démarche extrême pour conserver, disait-on, à la France, par tous les moyens possibles, une armée de l'ordre, afin de la sauvegarder de l'anarchie; mais nous comptions peu sur le résultat de cette démarche.

25. Le général Changarnier a été reçu par le prince avec beaucoup de courtoisie et d'égards; mais il n'a pas pu faire accepter ses propositions. « Nous savons, a dit le prince, que vous avez épuisé vos ressources, que la solution est prochaine, et que vous serez obligés, demain ou après-demain, d'accepter nos conditions. »

Le prince s'est montré fort mécontent du procédé de beaucoup d'officiers qui, prisonniers sur parole après la capitulation de Sedan, ont violé leur serment, et ce procédé l'engage à se montrer plus rigoureux.

Dans cette extrémité, il ne nous restait que la

sortie violente ou la capitulation; la première alternative eût été une folie : on ne sacrifie pas, sans utilité, et surtout sans espoir de succès, la vie de milliers d'hommes; nous devions donc capituler comme capitulent les armées qui n'ont plus à manger.

Le général de Cissey fut alors envoyé au prince pour traiter des conditions de la capitulation.

Dans ce moment suprême, chacun donnait cours à ses plus tristes pensées. Le sentiment de la famille, qui avait été étouffé, pour ainsi dire, tant que tout espoir n'était pas perdu, surgissait plein d'angoisses. Autour de nous, chez les officiers, nous entendions les plaintes les plus justes, les douleurs les plus navrantes. Les officiers mariés, pour la plupart sans fortune, qui avaient laissé, dans la dernière garnison, femmes et enfants, entrevoyaient pour leur famille la plus pénible situation, le plus affreux dénûment. Déjà, depuis deux mois que nous étions bloqués, ils n'avaient pu envoyer à leurs femmes leur faible épargne, et la misère, déjà si grande, allait encore grandir par l'exil; c'était une des phases de la situation dont on ne pouvait se préoccuper, et ce n'était pas la moins douloureuse. Aussi, ceux qui se sentaient dégagés de ce côté se trouvaient-ils relativement heureux.

Le 26, les commandants de corps d'armée ont été convoqués, dès le matin, chez le commandant en chef pour y recevoir communication des volontés du prince Frédéric-Charles et prendre une décision.

A l'unanimité, il fut décidé que le général Jarras, chef d'état-major général, se rendrait au quartier général prussien avec les pleins pouvoirs pour traiter de la capitulation.

On savait déjà que le prince s'était montré très-sévère à l'endroit des exigences militaires, qu'il voulait la capitulation sans condition; les officiers eux-mêmes devaient déposer les armes. Cependant, en dehors des choses militaires, il était plus accommodant, puisqu'il laissait aux officiers leurs bagages et, disait-on, leurs chevaux. Il était déjà convenu que nous n'aurions pas l'humiliation du défilé devant l'ennemi.

Voilà où nous ont conduits les promoteurs de cette guerre, et, par une fatalité sans exemple, il a fallu que les hommes au pouvoir à cette époque fussent ignorants et présomptueux, et que nos ennemis eussent, au contraire, à leur tête les plus fortes organisations des temps modernes dans les personnes de MM. de Bismarck et de Moltke, pour la diplomatie et la stratégie, et, pour l'action, des princes jeunes et militaires expérimentés.

Pendant cette triste journée, la pluie n'a pas cessé, le vent a soufflé en tempête; nos pauvres soldats sont dans la boue jusqu'à mi-jambes, ne pouvant pas même chercher dans le sommeil l'oubli de leurs douleurs. Ces braves gens ont supporté avec courage les privations, mais ils ne résisteront pas à l'humidité glacée dans laquelle ils vivent depuis plus de quinze jours.

Le 27 au matin, quoique la capitulation ne fût pas réglée et signée, on nous en apportait déjà les termes; nous aurions, disait-on, ce qu'on appelle les honneurs de la guerre, c'est-à-dire que nous ne défilerions pas; les armes, les drapeaux seraient déposés à Metz, et, si les Prussiens ne gardaient pas cette ville, ils nous seraient rendus; les officiers emporteraient leurs bagages et leurs chevaux; on espérait qu'ils conserveraient leurs armes; dans le cas contraire, celles-ci seraient étiquetées et rendues à la paix à leurs propriétaires. Metz tomberait avec l'armée; le gouverneur aurait voulu garder son indépendance, mais le prince aurait fait observer que, à l'époque où nous sommes venus sous les murs de Metz, aucun des forts n'était en état de défense et que, sans nous, Metz tombait en quelques jours ; qu'ainsi on ne pouvait séparer le sort de la ville de celui de l'armée.

Cette pénible nécessité était annoncée à la ville dans la journée par une proclamation du général Coffinières.

Le 28, nous avions connnaissance des termes officiels du protocole, signé au château de Frescaty par les plénipotentiaires Jarras et Stiehle et approuvé par le conseil réuni sous la présidence du maréchal Bazaine. L'heure du supplice avait sonné, il fallait déposer les armes.

Quelle douleur pour cette brave armée ! Tous ces nobles enfants avaient fait bravement leur devoir ; tout ce qu'on leur avait demandé, ils l'avaient fait avec dévouement : privations, fatigues, misères morales et physiques, dangers affrontés héroïquement, souffrances endurées sans plainte, ils avaient tout supporté ; partout ils avaient répondu à l'attente de leurs chefs ; mais ces puissants moyens d'action n'avaient pas été utilisés, et nous avons été conduits par une série de fautes et de malheurs à ce calvaire où notre gloire militaire a subi sa plus cruelle atteinte. Cette page de deuil sera rayée un jour de nos annales et la génération présente n'aura pas, je l'espère, à léguer à un autre le soin de relever le nom de cette belle France, si enthousiaste, si chevaleresque, et de lui rendre la place qu'elle doit occuper.

Mais nous sommes ici dans la triste réalité, il faut que chacun mette les lèvres au calice d'amertume. Tous les soldats, groupés par compagnie, vont silencieusement déposer leurs armes dans un des forts qui entourent Metz, le 6e corps monte à Plappeville et chaque corps dans le fort voisin de son front de bandière.

Cette triste cérémonie devait commencer à deux heures ; mais par une dernière faute, par une dernière fatalité, on pourrait dire, l'ordre n'avait pas été donné aux commandants des forts de recevoir ces précieux dépôts; il fallut attendre.

Pendant toute l'après-midi, l'armée a déposé ses armes sous les yeux d'une commission française; il avait été stipulé qu'aucun membre de l'armée prussienne n'assisterait à cette exécution; on épargnait ainsi à nos braves soldats une poignante humiliation.

Que de larmes ont été versées par ces hommes

de cœur, que de tableaux déchirants, que de sanglots étouffés! c'était horrible à voir; rien ne peut rendre les émotions douloureuses qui se peignaient sur tous ces visages bronzés ; c'est une des scènes les plus émouvantes que l'on puisse imaginer. On résiste aux souffrances physiques, on se roidit contre elles, on les tempère par la résignation, par le courage ; mais devant l'inflexible loi du vainqueur on ne peut rien ; il faut faire acte de soumission, c'est-à-dire subir la plus rude épreuve morale. Et ce sacrifice était imposé à des hommes dont près de 45,000 avaient donné leur sang pour le triomphe de la patrie !

Il fallut encore livrer les drapeaux, et c'est un des griefs dirigés avec le plus d'amertume contre le commandant en chef. Il avait été annoncé qu'ils seraient brûlés à l'arsenal de Metz; mais, par je ne sais quel malentendu, dit-on, on a laissé passer l'opportunité, et l'ordre n'a pas été exécuté; c'est plus que regrettable, car ce fait a profondément blessé le sentiment du soldat.

Après ces sacrifices, un autre devait suivre, plus douloureux encore : celui de la livraison de l'armée au vainqueur.

Le 29, nos soldats, sans armes, furent conduits

par leurs officiers jusqu'en avant de nos postes avancés, où des commissaires prussiens firent l'appel par compagnies. Celles-ci furent remises à des sous-officiers prussiens qui les conduisirent, au milieu d'une mer de boue et sous une pluie torrentielle, dans des campements préparés à l'avance.

Des instructions indiquaient le nombre d'officiers qui devaient accompagner les hommes jusqu'aux lignes prussiennes, mais tous les chefs avaient tenu à ne se séparer de leurs soldats qu'au dernier moment.

J'ai vu défiler ces malheureux bataillons, mornes, silencieux, courbant la tête et essuyant des larmes; tout le monde pleurait. Je n'avais pas encore imaginé qu'il pût y avoir une circonstance où des milliers d'hommes pleureraient à la fois; j'ai vu ce triste et majestueux spectacle. La douleur a aussi sa majesté, et, quand elle a pour cause les malheurs de la patrie, elle devient sublime. Aucun de nos soldats ne pleurait sur son propre sort, mais sur le sort du pays, sur ses déchirements intérieurs, sur son abaissement, sur la France couverte en ce moment d'un long crêpe noir, et cette émotion générale gagnait même nos vainqueurs.

La remise de la troupe faite aux officiers prussiens, les officiers français reprirent le chemin de leurs bivouacs; ce furent alors de longs embrassements, des adieux déchirants, des cris partis du cœur, des souhaits pour des jours meilleurs. Tous les rangs étaient confondus dans la même étreinte cordiale; c'était une famille dont tous les liens étaient violemment rompus par le malheur, c'était le néant qui se produisait là où tout à l'heure encore étaient la vie, la force, la volonté, l'espérance.

Les officiers jouissaient, d'après les stipulations du traité, de la faculté de rentrer dans leurs foyers, sous promesse écrite de ne pas servir contre la Prusse pendant la durée de la guerre, et de ne rien faire contre ses intérêts; chacun d'eux allait donc être appelé à se prononcer à ce sujet; ceux qui n'accepteraient pas ces conditions pourraient choisir leur résidence en Allemagne.

Le commandant en chef avait quitté, le matin même, son quartier général pour se rendre, près du village de Sainte-Ruffine, dans une habitation qu'il avait déjà occupée, et aller de là à Corny, au quartier général du prince Frédéric-Charles.

Par dérogation à la faculté qui avait été laissée à chaque officier de choisir sa résidence, les maréchaux reçurent, dans la journée du 31, l'ordre du roi de Prusse de se rendre à Cassel, « conformément au vœu exprimé par l'empereur Napoléon. » Le maréchal Canrobert avait déjà fait connaître au prince son désir de se rendre à Stuttgart, mais le prince n'avait pas pu promettre, « n'ayant pas encore reçu d'ordre du roi. »

Avant de quitter l'armée, le maréchal Bazaine lui avait adressé l'ordre du jour suivant qui marque le dernier moment de l'existence de l'armée du Rhin :

ARMÉE DU RHIN. — BULLETIN N° 12.

ORDRE GÉNÉRAL A L'ARMÉE DU RHIN.

Vaincus par la famine, nous sommes contraints de subir les lois de la guerre en nous constituant prisonniers. A diverses époques de notre histoire militaire, de braves troupes commandées par Masséna, Kléber, Gouvion-Saint-Cyr, etc., ont éprouvé le même sort qui n'entache en rien l'honneur militaire, quand, comme vous, on a aussi glorieusement accompli son devoir jusqu'à l'extrême limite humaine.

Tout ce qu'il était loyalement possible de faire pour éviter cette fin a été tenté et n'a pu aboutir. Quant à renouveler un suprême effort pour briser les lignes fortifiées de l'ennemi, malgré votre vaillance et le sacrifice de milliers d'existences qui peuvent encore être utiles à la patrie, il eût été infructueux, par suite de l'armement et de forces écrasantes qui gardent et appuient ces lignes : un désastre en eût été la conséquence.

Soyons dignes dans l'adversité; respectons les conventions honorables qui ont été stipulées, si nous voulons être respectés comme nous le méritons; évitons surtout, pour la réputation de cette armée, les actes d'indiscipline, comme la destruction d'armes et de matériel, puisque, d'après les usages militaires, places et armement devront faire retour à la France lorsque la paix sera signée.

En quittant le commandement, je tiens à exprimer aux généraux, officiers et soldats toute ma reconnaissance pour leur loyal concours, leur brillante valeur dans les combats, leur résignation dans les privations, et c'est le cœur brisé que je me sépare de vous.

Au grand quartier général du Ban-Saint-Martin, le 28 octobre 1870.

Le maréchal de France, commandant en chef,

Signé : BAZAINE.

Pour ampliation :

Le général de division, chef d'état-major général,

L. JARRAS.

C'en est fait, cette belle armée va être dispersée sur le sol ennemi, livrée à toutes les horreurs de la captivité, ayant au cœur la plaie toujours saignante de l'humiliation, et Metz, cette ville qui se glorifiait à bon droit de n'avoir jamais été souillée par le contact du vainqueur, va recevoir dans son sein les bataillons ennemis qui ne nous ont vaincus que par la famine, et ne peuvent porter fièrement un pareil triomphe.

Toutes ces douleurs sont le résultat de l'imprévoyance, de l'incapacité, de l'orgueil de nos gouvernants et de nos organisateurs. Quel terrible compte auront à rendre devant l'histoire et devant l'humanité ceux qui ont préparé une pareille catastrophe! Tout ce qui s'est produit est tellement inouï, tellement exceptionnel, tellement en dehors des prévisions, qu'il ne faut pas s'étonner que l'opinion publique ait attribué à des causes flétrissantes des résultats aussi désastreux; sa douleur l'égarait, et l'intelligence humaine, ne pouvant concevoir un pareil état de choses dans des conditions normales, en cherchait la cause dans des actes heureusement fort rares dans notre histoire, mais nous n'avons pas, Dieu merci, je l'espère, à ajouter ce malheur à tous les autres.

En terminant ces pages, sur lesquelles j'ai versé des larmes amères aux jours de nos grandes tristesses, je demande à la Providence une de ses faveurs pour la régénération de notre pays. Qu'il médite dans le calme et le recueillement sur les causes de ses revers; qu'il cherche la voie dans laquelle ses instincts nobles et généreux peuvent le plus facilement se développer, et il retrouvera cet apanage de gloire, de prospérité et de grandeur dont il a toujours été doté.

NOTES.

NOTE PREMIÈRE.

Le 19 août, le maréchal Bazaine informait l'Empereur, encore à Châlons, de son insuccès dans la journée du 18 et de sa retraite dans la position autour de Metz, et il ajoutait : « Je pense toujours encore m'avancer vers le Nord, dans la direction de Montmédy. »

Le 20 août, le maréchal Bazaine écrivait au maréchal Mac-Mahon : « J'ai dû prendre position près de Metz pour donner du repos aux soldats et les ravitailler en vivres et en munitions. L'ennemi grossit toujours autour de nous, et je suivrai très-probablement, pour vous rejoindre, la ligne des places du Nord; je vous préviendrai de ma marche, si je puis toutefois l'entreprendre sans compromettre l'armée. » (Dépêche trouvée à Saint-Cloud et publiée dans tous les journaux.)

Cette réponse s'adressait à une dépêche du maréchal de Mac-Mahon, expédiée le 20 au maréchal Bazaine, et qui disait : « Si, comme je le crois, vous êtes forcé de battre en retraite très-prochainement, je ne sais, à la dis tance où je suis de vous, comment vous venir en aide sans découvrir Paris; si vous en jugez autrement, faites-le-moi savoir. »

« Je suivrai très-probablement, pour vous rejoindre, la ligne des places du Nord, » disait le maréchl Bazaine. C'est donc pour rencontrer dans cette direction l'armée de Metz que le maréchal Mac-Mahon prenait la résolution de marcher sur Montmédy, et le maréchal Bazaine en était informé le 30 par la dépêche suivante, datée du 22 :

« Reçu votre dépêche du 19 dernier, à Reims; me porte dans la direction de Montmédy, serai après-demain sur l'Aisne où j'agirai selon les circonstances, pour vous venir en aide. »

(*Rapport sommaire sur les opérations de l'armée du Rhin,* par M. le maréchal Bazaine.)

NOTE DEUXIÈME.

Il résulte des notes précédentes que, dans sa tentative de sortie du 26 août, le maréchal Bazaine n'avait pas connaissance du mouvement du maréchal Mac-Mahon, et que ce n'était que pour se conformer à sa dépêche du 20 qu'il prenait la direction des places fortes du Nord.

Nous savons comment cette tentative échoua devant le mauvais temps. Quant à la résolution qui fut prise par le conseil, réuni à la ferme de Grimont, nous la trouvons dans le *Rapport sommaire* du maréchal Bazaine.

Les commandants de corps d'armée et les chefs des armes spéciales furent réunis à la ferme de Grimont, et émirent l'avis que l'armée devait rester sous Metz, parce que sa présence maintenait devant elle 200,000 ennemis, qu'elle donnait le temps à la France d'organiser la résistance, aux armées en formation de se constituer, et qu'en cas de retraite de l'ennemi elle le harcèlerait, si elle ne pouvait lui infliger une défaite décisive. Quant à la ville de Metz, elle avait besoin de la présence de l'armée pour terminer les forts, leur armement, les défenses extérieures du corps de place, et il fut reconnu que celle-ci ne *pourrait tenir plus de quinze jours sans la protection de l'armée.*

Devant cette décision, on peut se demander pourquoi une nouvelle tentative a été faite le 31 août, mais elle s'explique par la dépêche parvenue le 30 au maréchal Bazaine, lui annonçant le mouvement du maréchal MacMahon.

NOTE TROISIÈME.

Après les journées des 31 août et 1er septembre, le maréchal Bazaine prévenait l'Empereur et le ministre de la guerre de notre insuccès par la dépêche suivante (cette dépêche, envoyée le 1er septembre, fut expédiée le 3, puis expédiée de nouveau le 7) : « Après une tentative de vive force, laquelle nous a amenés à un combat qui a duré deux jours, dans les environs de Sainte-Barbe, nous sommes de nouveau dans le camp retranché de

Metz, avec peu de *ressources en munitions d'artillerie de campagne, ni viande, ni biscuit*, enfin un état sanitaire qui n'est pas parfait, la place étant encombrée de blessés. Malgré les nombreux combats, le moral de l'armée reste bon. Je continue à faire des efforts pour sortir de la situation dans laquelle nous sommes, mais l'ennemi est très-nombreux autour de nous. Le général Decaen est mort. Blessés et malades, environ 18,000. »

« J'ai toujours ignoré si cette dépêche était parvenue, ajoute le maréchal Bazaine dans son *Rapport sommaire*, car, depuis cette époque, *je n'ai plus reçu aucune communication du gouvernement.* »

NOTE QUATRIÈME.

Relativement aux tentatives qu'il a faites pour entrer en relation avec le gouvernement de la défense nationale, le maréchal Bazaine dit : « J'ai tenté à diverses reprises (15 et 25 septembre) de me mettre en relation avec le gouvernement de la défense nationale. Je lui ai adressé en trois expéditions la dépêche qui suit :

« Il est urgent pour l'armée de savoir ce qui se passe
« à Paris et en France ; nous n'avons aucune communica-
« tion avec l'intérieur, et les bruits les plus étranges sont
« répandus par les prisonniers que nous a rendus l'ennemi,
« qui en propage également de nature alarmante. Il est
« important pour nous de recevoir des instructions et des
« nouvelles.

« Nous sommes entourés par des forces considérables, « que nous avons vainement essayé de percer le 31 août « et le 1er septembre. »

« Mes missives, ajoute le maréchal, restèrent toujours sans réponse et aucun de mes émissaires, qui n'étaient autres que des soldats de bonne volonté, ne revint. »

NOTE CINQUIÈME.

ÉTAT DES PERTES ÉPROUVÉES PAR L'ARMÉE DU RHIN PENDANT LA CAMPAGNE.

« Depuis le 14 août, l'armée avait livré trois grandes batailles, tenté deux grandes sorties, effectué de fréquentes attaques sur les positions de l'ennemi.

« Les pertes éprouvées par l'armée du Rhin, en tués, blessés et disparus, furent de 25 officiers généraux, 2,099 officiers de tous grades, et 40,339 sous-officiers et soldats. » (*Rapport sommaire.*)

NOTE SIXIÈME.

Nous extrayons du *Rapport sommaire sur les opérations de l'armée du Rhin* quelques passages d'un grand intérêt, relatifs aux préliminaires et à la séance du conseil de guerre tenu au grand quartier général, le 10 octobre 1870:

« Ne comptant plus sur une armée de secours, et ayant eu connaissance de l'insuccès de la mission de M. Jules

Favre, comme de la convocation de la Constituante, j'écrivis la lettre confidentielle ci-après aux commandants des corps d'armée et aux chefs des armées spéciales :

« Ban-Saint-Martin, 7 octobre 1870.

« Le moment approche où l'armée du Rhin se trouvera dans la position la plus difficile peut-être qu'ait jamais dû subir une armée française. Les graves événements militaires et politiques qui se sont accomplis loin de nous, et dont nous ressentons le douloureux contre-coup, n'ont ébranlé ni notre force morale, ni notre valeur comme armée. Mais vous n'ignorez pas que des complications d'un autre ordre s'ajoutent journellement à celles que créent pour nous les faits extérieurs.

« Les vivres commencent à manquer, et, dans un délai qui ne sera que trop court, ils nous feront absolument défaut. L'alimentation de nos chevaux de cavalerie et de trait est devenue un problème, dont chaque jour qui s'écoule rend la solution de plus en plus improbable; nos ressources sont épuisées, nos chevaux vont dépérir et disparaître.

« Dans ces graves circonstances, je vous ai appelés pour vous exposer la situation et vous faire part de mon sentiment. Le devoir d'un général en chef est de ne rien laisser ignorer, en pareille occurrence, aux commandants des corps d'armée placés sous ses ordres, et de s'éclairer de leur avis et de leurs conseils.

« Placé plus immédiatement en contact avec les troupes, vous savez certainement, M..., ce que l'on peut attendre d'elles, ce que l'on doit espérer. Aussi, avant de prendre un parti décisif, ai-je voulu vous adresser cette dépêche, pour vous demander de me faire connaître, par écrit, après un examen très-mûri et très-approfondi de la situation, et après en avoir conféré avec vos généraux de division, votre opinion personnelle et votre appréciation motivée.

« Dès que j'aurai pris connaissance de ce document, dont l'importance ne vous échappera point, je vous appellerai de nouveau dans un conseil suprême, d'où sortira la solution définitive de la situation de l'armée *dont Sa Majesté l'Empereur m'a confié le commandement*.

« Je vous prie de me faire parvenir, dans les quarante-huit heures, l'opinion que j'ai l'honneur de vous demander, et de m'accuser réception de la présente dépêche. »

Le 10 octobre, un conseil de guerre eut lieu au grand quartier général, dans lequel il fut décidé, *à l'unanimité*, que le général Boyer serait envoyé au grand quartier général royal à Versailles, pour tâcher de connaître la situation réelle de la France, les intentions des autorités prussiennes au sujet d'une convention militaire, et les concessions qu'on pourrait en attendre dans l'intérêt de l'armée de Metz comme dans celui de la paix.

L'extrait du procès-verbal de ce conseil de guerre, concernant cette décision, était ainsi conçu :

« Après avoir rappelé les principaux traits de la situation, le maréchal Bazaine a ajouté que, malgré toutes les tentatives faites pour se mettre en communication avec la capitale, il ne lui était jamais parvenu aucune nouvelle officielle du gouvernement; qu'aucun indice d'une armée française, opérant pour faire une diversion utile à l'armée du Rhin, ne lui avait été signalé.

« De l'examen de nos ressources alimentaires de toutes sortes, il résultait qu'en faisant tous les efforts imaginables, en fusionnant les ressources de la ville avec celles de la place et de l'armée, en réduisant la ration journalière de pain à 300 grammes, en rationnant les habitants, en consommant les réserves des forts et en réduisant le blutage des farines au taux le plus bas, sans compromettre la santé des hommes, il était possible de vivre jusqu'au 20 octobre inclus, y compris les deux jours de biscuit existant dans les sacs des hommes.

« La ration de viande de cheval devrait être élevée a 600 grammes d'abord et poussée à 750 grammes, tous les chevaux étant considérés comme sacrifiés, vu l'impossibilité de les nourrir autrement que par un pacage presque illusoire, et la mortalité faisant chaque jour chez ces animaux des progrès effrayants.

« Il fut déclaré ensuite que l'état sanitaire était gravement compromis dans la place, tant par l'accumulation de 19,000 blessés ou malades que par le défaut de médicaments, de moyens de couchage, de locaux et d'abris et par l'insuffisance du nombre des médecins.

« Les rapports du médecin en chef constatent que le typhus, la variole, la dyssenterie et le cortége des maladies épidémiques commençaient à envahir les établissements hospitaliers de la ville.

« L'affaiblissement causé par la mauvaise alimentation à laquelle on était réduit ne pouvait qu'augmenter les causes morbides. On constata que les ambulances et les hôpitaux étaient encombrés, que près de 2,000 malades ou blessés étaient encore recueillis chez les habitants, et la conclusion fut que, si un nombre de blessés devait de nouveau être dirigé sur la place, il y aurait d'abord *impossibilité de les installer, mais surtout danger immédiat pour la santé publique.*

« Cet exposé de la situation de nos ressources et de l'état sanitaire étant connu de tous les membres du conseil de guerre, l'on passe à l'examen de la situation militaire.

« Après lecture faite en conseil des rapports des commandants des corps d'armée et de la place de Metz, la situation militaire se résuma dans les questions suivantes :

« 1° L'armée doit-elle tenir sous les murs de Metz jusqu'à épuisement de ses ressources alimentaires ?

« 2° Doit-on continuer à faire des opérations autour de la place, pour essayer de se procurer des vivres et des fourrages ?

« 3° Peut-on entrer en pourparlers avec l'ennemi pour traiter d'une convention militaire ?

« 4° Doit-on tenter le sort des armes et chercher à percer les lignes ennemies?

« La première question est résolue affirmativement, *à l'unanimité,* par cette raison que la présence de l'armée sous les murs de Metz y retient, en les immobilisant, 200,000 ennemis, et que, dans les conditions où elle se trouve, le plus grand service que l'armée du Rhin puisse rendre au pays est de gagner du temps et de lui permettre d'organiser la résistance dans l'intérieur.

« La deuxième question est résolue négativement, *à l'unanimité,* en raison du peu de probabilités qu'il y a de trouver des ressources suffisantes pour vivre quelques jours de plus à cause des pertes que ces opérations occasionneraient et de l'effet dissolvant que leur insuccès pourrait avoir sur le moral de la troupe.

« La troisième question est résolue affirmativement, *à l'unanimité,* à la condition, toutefois, d'entamer les ouvertures dans un délai qui ne dépassera pas quarante-huit heures, afin de ne pas permettre à l'ennemi de retarder le moment de la conclusion jusqu'au jour et peut-être au delà du jour de l'épuisement de nos ressources.

« Tous les membres du conseil de guerre déclarent énergiquement que les clauses de la convention devront être honorables pour nos armes et pour nous-mêmes.

« La quatrième question en amène une cinquième; M. le général Coffinières de Nordeck demande s'il ne serait pas préférable de tenter le sort des armes, avant d'entamer des négociations, le succès de cette tentative pouvant rendre les pourparlers inutiles, ou bien le résultat de nos efforts pouvant peser dans la balance des pertes que nous aurions fait subir à l'ennemi.

« Cette question *est écartée à la majorité et il est décidé, à l'unanimité,* que, si les conditions de l'ennemi portent atteinte à l'honneur militaire, on essayera de se frayer un chemin par la force, avant d'être épuisé par la famine et tandis qu'il reste la possibilité d'atteler encore quelques batteries.

« Il est donc convenu et arrêté :

« 1° Que l'on tiendra sous Metz le plus longtemps possible;

« 2° Que l'on ne fera pas d'opérations autour de la place, le but à atteindre étant plus qu'improbable;

« 3° Que des pourparlers seront engagés avec l'ennemi, dans un délai qui ne dépassera pas quarante-huit heures, afin de conclure une convention militaire honorable et acceptable pour tous;

« 4° Que, dans le cas où l'ennemi voudrait imposer des conditions incompatibles avec notre honneur et le sentiment du devoir militaire, on tentera de se frayer un passage les armes à la main.

« Suivent les signatures :

Maréchal Canrobert, commandant le 6e corps.
Général Frossard, commandant le 2e corps.
Maréchal Leboeuf, commandant le 3e corps.
Général de Ladmirault, command. le 4e corps.
Le général Desvaux, commandant provisoirement la garde impériale.
Le général Soleille, commandant l'artillerie de l'armée.
Le général Coffinières de Nordeck, commandant supérieur de Metz.
Intendant Lebrun, intendant en chef de l'armée.
Maréchal Bazaine, commandant en chef de l'armée du Rhin. »

L'autorisation demandée pour M. le général Boyer, qui avait été refusée le 11 octobre, fut accordée le 12, sur une dépêche télégraphique du roi de Prusse.

Cet officier général se mit immédiatement en route pour Versailles, accompagné de deux officiers de l'état-major du prince Frédéric-Charles.

NOTE SEPTIÈME.

Les habitants de Metz avaient toujours espéré que le sort de leur ville serait indépendant de celui de l'armée; nous avons dit que les tentatives faites dans ce sens avaient été absolument repoussées, par la raison que Metz n'était pas en état de défense avant l'arrivée de l'armée et aurait infailliblement succombé à une attaque régulière. Ce fait, malheureusement trop vrai, ne comportait pas d'observation; Metz subissait donc le sort de l'armée.

Le 26 octobre, cette triste nouvelle était communiquée au conseil municipal, dont la séance a été pleine de renseignements précis et officiels :

26 OCTOBRE. — SÉANCE DU CONSEIL MUNICIPAL. EXTRAIT DU PROCÈS-VERBAL.

La séance est présidée par M. le général commandant supérieur de la place.

M. le préfet de la Moselle, présent à la séance, est invité par M. le maire à prendre place au bureau.

M. le maire fait connaître qu'en réponse à la demande de renseignements adressée à M. le maréchal Bazaine, suivant le vœu formé par le conseil, dans sa délibération d'hier, il vient de recevoir une dépêche dont il donne lecture. Cette dépêche est ainsi conçue :

« Ban-Saint-Martin, le 26 octobre 1870.

« MONSIEUR LE MAIRE,

« Je m'empresse de répondre à votre lettre du 26 octobre, et de vous dire que M. le général Coffinières, commandant supérieur de la place de Metz, ayant assisté à tous les conseils de guerre qui ont été tenus au grand quartier général, était en mesure d'exposer au conseil municipal la situation actuelle du pays et la marche des négociations pendantes, dans lesquelles nous avons toujours cherché à mettre la ville de Metz en dehors, afin de lui laisser sa liberté d'action.

« A l'issue de la séance de ce matin, il a été unanimement convenu, par suite des exigences de l'ennemi et de la pénurie actuelle des vivres, que cette place et l'armée devaient subir le même sort.

« En conséquence, M. le général Coffinières a été invité à donner au conseil municipal les explications nécessaires pour que la ville soit au courant des négociations qui ont toujours eu pour but d'améliorer la grave situation dans laquelle se trouve le pays, but que, malheureusement, nous n'avons pu atteindre.

« Recevez, monsieur le Maire...

« Le maréchal de France, commandant en chef l'armée sous Metz [1],

« BAZAINE. »

Après cette communication, M. le général Coffinières prend la parole :

« Ce matin, dit-il, les chefs des différents corps de l'armée du maréchal ont été réunis; ils ont exposé la

1. C'était la première fois qu'on voyait le maréchal Bazaine substituer au titre d'*armée du Rhin* celui d'*armée sous Metz*.

déplorable situation dans laquelle se trouvent nos pauvres soldats. Il y a là un spectacle déchirant : des hommes supportant depuis plusieurs jours les privations les plus pénibles, sans vivres, presque sans abri, au milieu des terrains fangeux où ils sont obligés de camper. Le maréchal a déclaré que cette situation ne pouvait pas durer et qu'il fallait que la ville partageât ses ressources avec l'armée. Je m'y suis opposé. On m'a représenté que nous n'avions de vivres que jusqu'au 28, peut-être jusqu'au 30, grâce aux économies que nous avions faites ; qu'en prolongeant de trois ou quatre jours après l'armée notre résistance, nous ne pouvions arriver à aucun résultat, que nous avions plutôt chance de voir imposer à la ville des conditions plus mauvaises ; que cette prolongation de quatre jours serait acquise, d'une part, au prix de souffrances pour la population pauvre de la ville, d'autre part, au prix de l'extinction, par la famine, de tous les Français qui composent l'armée, l'ennemi ayant formellement déclaré qu'il n'accepterait aucun traité qui ne comprît pas à la fois la ville et l'armée. Je me sentis ébranlé, dit M. le général Coffinières, mais je déclarai néanmoins que je ne céderais que sur l'ordre formel du maréchal. J'ai reçu cet ordre, et il est, en conséquence, irrévocablement décidé que l'armée et la place partageront le même sort. L'armée, d'ailleurs, nous a rendu de grands services. Au commencement de la campagne, les forts n'étaient pas prêts, l'artillerie n'était pas placée sur les remparts ; c'est grâce à elle que nous avons pu organiser la défense et éviter le bombardement. C'est, en un mot, à cette armée que nous devons la quiétude dont nous avons joui jusqu'à ce jour. — Quant aux conditions, dit M. le général, elles ne sont pas encore arrêtées; elles sont, en ce moment, l'objet de négociations. »

M. Moisson demande si la ville devra être occupée, ou s'il ne serait pas possible d'obtenir que l'ennemi ne prît possession que des forts.

M. le général répond que notre situation est telle que nous ne pouvons que demander et non imposer; qu'une note détaillée a été rédigée par lui pour indiquer les demandes qui seront transmises par les parlementaires.

M. Prost rappelle à M. le général que la demande d'informations adressée au maréchal Bazaine ne porte pas seulement sur les négociations pendantes, mais aussi sur l'état de la France; que des communications à ce sujet ont été faites à l'armée. Il prie M. le général de vouloir bien les faire connaître au conseil.

M. le général répond qu'il avait toujours considéré que le secret lui était imposé au sujet des renseignements fournis devant le conseil de guerre, mais que, le maréchal lui permettant de parler, par la lettre qu'il a adressée au maire, voici ce qu'on a su par le général Boyer : Les Prussiens auraient enveloppé complétement Paris dans le but de l'affamer; ils auraient eu des succès énormes : Soissons, Schlestadt seraient entre leurs mains. A la tête de 1,200,000 hommes en France, le Roi serait décidé à envahir même le Midi, pour obtenir les conditions qu'il veut avoir. On a ajouté que le gouvernement de la défense nationale se serait scindé; que des troubles auraient eu lieu dans certaines villes; que Rouen, envahi par des bandes, aurait demandé une garnison allemande. Dans une telle situation et acculés par la famine, avec quatre jours de vivres, que pouvions-nous faire? « Je ne connais pas, dit M. le général, de place qui ait été si près de l'épuisement complet de ses ressources. A Dantzig, continue-t-il, quand le général Rapp se vit réduit à quarante jours de vivres, il fit, le 24 novembre, un traité pour le 1er janvier, et, quatre jours avant l'échéance, le 26 décembre, il rendit la place. »

M. Marly prie M. le général de compléter sa communication, en faisant connaître ce qu'il sait des négociations entamées, il y a plusieurs jours déjà, par le maréchal.

M. le général répond que le général Boyer a été envoyé près de M. de Bismarck pour essayer de traiter; qu'il lui a été répondu que le roi de Prusse ne savait avec qui traiter; qu'il n'y avait plus, en France, de gouvernement; que M. Jules Favre n'avait fait que des propositions inacceptables, et qu'ainsi le général Boyer n'a pu aboutir à rien. Quant au général Changarnier, il lui a été dit que notre situation était parfaitement connue; que nous étions sans vivres, et que nous ne pouvions que nous rendre prisonniers; qu'enfin on ne ferait de traité qu'en y comprenant la ville et l'armée.

M. de Bouteiller demande qui doit être, dans les négociations aujourd'hui entamées, le défenseur des intérêts de la ville.

M. le général répond que ce soin lui appartient, mais qu'il recevra volontiers les observations du conseil.

« Jusqu'à présent, dit M. le maire, le conseil avait pensé que la ville et l'armée étaient séparées : nous venons, à l'instant, d'apprendre le contraire. Nous ne connaissons pas les stipulations militaires du genre de celle qui va s'accomplir. M. le général, tout en se préoccupant des intérêts de la place, a sans doute songé à ceux de la population civile; la note dont il a parlé, et qui est envoyée par lui au quartier général, contient sans doute des propositions de nature à rassurer et à protéger les habitants. Devons-nous, à côté de cette note, faire aussi des observations? C'est ce que le conseil se réserve d'examiner. »

M. le général ayant exprimé la pensée que la publicité du procès-verbal de la séance du conseil fournissait un moyen tout naturel de répandre dans la population la communication qu'il vient de faire, M. Rémond fait observer que cette voie serait insuffisante pour avertir les habitants de la ville. Il pense que le général Coffinières devrait s'adresser lui-même à la population et reproduire pour elle ce qu'il vient d'annoncer.

Le conseil s'associe à ce sentiment, et le général déclare que, dès demain, une proclamation sera faite par lui aux habitants.

Le lendemain, en effet, la proclamation suivante faisait connaître le douloureux événement qui venait de se produire :

PROCLAMATION.

HABITANTS DE METZ,

Il est de mon devoir de vous faire connaître loyalement notre situation, bien persuadé que vos âmes viriles et courageuses seront à la hauteur de ces graves circonstances.

Autour de nous est une armée qui n'a jamais été vaincue et qui s'est montrée aussi ferme devant le feu de l'ennemi que devant les plus rudes épreuves. Cette armée, interposée entre la ville et l'assiégeant, nous a donné le temps de mettre nos forts en état de défense et de monter sur nos remparts plus de 600 pièces de canon; enfin elle a tenu en échec plus de 200,000 hommes.

Dans la place nous avons une population pleine d'énergie et de patriotisme, bien décidée à se défendre jusqu'à la dernière extrémité.

J'ai déjà fait connaître au conseil municipal que, malgré la réduction des rations, malgré les perquisitions faites par les autorités civiles et militaires, nous n'avions de vivres assurés que jusqu'au 28 octobre.

De plus, notre brave armée, déjà si éprouvée par le feu de l'ennemi, puisque 42,000 hommes en ont subi les atteintes, souffre horriblement par l'inclémence exceptionnelle de la saison et des privations de toutes sortes. Le conseil de guerre a constaté ces faits, et M. le maréchal commandant en chef a donné l'ordre formel, comme il en a le droit, de verser une partie de nos ressources à l'armée.

Cependant, grâce à nos économies, nous pouvons résister encore jusqu'au 30 courant, et notre situation ne se trouve pas sensiblement modifiée.

Jamais dans les fastes militaires une place de guerre n'a résisté jusqu'à un épuisement aussi complet de ses ressources, et n'a été aussi encombrée de blessés et de malades.

Nous sommes donc condamnés à succomber, mais ce sera avec honneur, et nous ne serons vaincus que par la faim.

L'ennemi qui nous investit péniblement depuis plus de soixante-dix jours sait qu'il est près d'atteindre le but de ses efforts; il demande la place et l'armée, et n'admet pas la séparation de ces deux intérêts. Quatre ou cinq jours de résistance désespérée n'auraient d'autre résultat que d'aggraver la situation des habitants. Tous peuvent d'ailleurs être bien convaincus que leurs intérêts privés seront défendus avec la plus vive sollicitude.

Sachons supporter stoïquement cette grande infortune, et conservons le ferme espoir que Metz, cette grande et patriotique cité, restera à la France.

Metz, le 27 octobre 1870.

Le général commandant supérieur,

F. Coffinières.

NOTE HUITIEME.

PROTOCOLE.

Entre les soussignés, le chef d'état-major général de l'armée française sous Metz et le chef de l'état-major de l'armée prussienne devant Metz, tous deux munis des pleins pouvoirs de Son Excellence le maréchal Bazaine, commandant en chef, et du général en chef Son Altesse royale le prince Frédéric-Charles de Prusse,

La convention suivante a été conclue :

ARTICLE PREMIER.

L'armée française, placée sous les ordres du maréchal Bazaine, est prisonnière de guerre.

ARTICLE 2.

La forteresse et la ville de Metz, avec tous les forts, le matériel de guerre, les approvisionnements de toute espèce et tout ce qui est propriété de l'État, seront rendus à l'armée prussienne dans l'état où tout cela se trouve au moment de la signature de cette convention.

Samedi 29 octobre, à midi, les forts de Saint-Quentin, Plappeville, Saint-Julien, Queuleu et Saint-Privat, ainsi que la porte Mazelle (route de Strasbourg), seront remis aux troupes prussiennes.

A dix heures du matin de ce même jour, des officiers d'artillerie et du génie, avec quelques sous-officiers, seront admis dans lesdits forts, pour occuper les magasins à poudre et pour éventer les mines.

ARTICLE 3.

Les armes, ainsi que tout le matériel de l'armée, consistant en drapeaux, aigles, canons, mitrailleuses, chevaux, caisses de guerre, équipages de l'armée, munitions, etc., seront laissés à Metz et dans les forts à des commissions militaires instituées par M. le général Bazaine, pour être remis immédiatement à des commissaires prussiens. Les troupes sans armes seront conduites, rangées d'après leur régiment ou corps, et en ordre militaire, aux lieux qui sont indiqués pour chaque corps. Les officiers rentreront alors, librement, dans l'intérieur du camp retranché, ou à Metz, sous la condition de s'engager sur l'honneur à ne pas quitter la place sans l'ordre du commandant prussien.

Les troupes seront alors conduites par leurs sous-officiers aux emplacements de bivouacs. Les soldats conserveront leurs sacs, leurs effets et les objets de campement (tentes, couvertures, marmites, etc.).

ARTICLE 4.

Tous les généraux et officiers, ainsi que les employés militaires ayant rang d'officiers, qui engageront leur parole d'honneur par écrit de ne pas porter les armes contre l'Allemagne, et de n'agir d'aucune autre manière contre ses intérêts jusqu'à la fin de la guerre actuelle, ne seront pas faits prisonniers de guerre; les officiers et employés qui accepteront cette condition conserveront leurs armes et les objets qui leur appartiennent personnellement.

Pour reconnaître le courage dont ont fait preuve pendant la durée de la campagne les troupes de l'armée et de la garnison, il est en outre permis aux officiers qui opteront pour la captivité d'emporter avec eux leurs épées ou sabres, ainsi que tout ce qui leur appartient personnellement.

ARTICLE 5.

Les médecins militaires, sans exception, resteront en arrière pour prendre soin des blessés; ils seront traités d'après la convention de Genève; il en sera de même du personnel des hôpitaux.

ARTICLE 6.

Des questions de détail concernant principalement les intérêts de la ville sont traitées dans un appendice ci-annexé, qui aura la même valeur que le présent protocole.

ARTICLE 7.

Tout article qui pourra présenter des doutes sera toujours interprété en faveur de l'armée française.

Fait au château de Frescaty, le 27 octobre 1870.

Signé : L. JARRAS. — STIEHLE.

PLACE DE METZ.

Appendice à la Convention militaire en ce qui concerne la ville et les habitants.

ARTICLE PREMIER.

Les employés et les fonctionnaires civils attachés à l'armée ou à la place qui se trouvent à Metz pourront se retirer où ils voudront, en emportant avec eux tout ce qui leur appartient.

ARTICLE 2.

Personne, soit de la garde nationale, soit parmi les habitants de la ville, ou réfugié dans la ville, ne sera inquiété à raison de ses opinions politiques ou religieuses, de la part qu'il aura prise à la défense, ou des secours qu'il aura fournis à l'armée ou à la garnison.

ARTICLE 3.

Les malades et les blessés laissés dans la place recevront tous les soins que leur état comporte.

ARTICLE 4.

Les familles que les membres de la garnison laissent à Metz ne seront pas inquiétées, et pourront également se retirer librement avec tout ce qui leur appartient, comme les employés civils.

Les meubles et les effets que les membres de la garnison sont obligés de laisser à Metz ne seront ni pillés ni confisqués, mais resteront leur propriété. Ils pourront les faire enlever dans un délai de six mois, à partir du rétablissement de la paix ou de leur mise en liberté.

ARTICLE 5.

Le commandant de l'armée prussienne prend l'engagement d'empêcher que les habitants soient maltraités dans leurs personnes ou dans leurs biens.

On respectera également les biens de toute nature du département, des communes, des sociétés de commerce ou autres, des corporations civiles ou religieuses, des hospices et des établissements de charité.

Il ne sera apporté aucun changement aux droits que les corporations ou sociétés, ainsi que les particuliers, ont à exercer les uns contre les autres, en vertu des lois françaises, au jour de la capitulation.

ARTICLE 6.

A cet effet, il est spécifié en particulier que toutes les administrations locales et les sociétés ou corporations mentionnées ci-dessus conserveront les archives, livres et papiers, collections et documents quelconques qui sont en leur possession.

Les notaires, avoués et autres agents ministériels conserveront aussi leurs archives et leurs minutes ou dépôts.

ARTICLE 7.

Les archives, livres et papiers appartenant à l'État resteront en général dans la place, et, au rétablissement de la paix, tous ceux de ces documents concernant les portions de territoire restituées à la France feront aussi retour à la France.

Les comptes en cours de règlement nécessaires à la justification des comptables ou pouvant donner lieu à des litiges, à des revendications de la part de tiers, resteront entre les mains des fonctionnaires ou agents qui en ont actuellement la garde, par exception aux dispositions du paragraphe précédent.

Fait au château de Frescaty, le 27 octobre 1870.

Signé : JARRAS. — STIEHLE.

Pour copie conforme :

Le Général de division, commandant supérieur de Metz,

F. COFFINIÈRES.

PRIX

DE

CERTAINES DENRÉES A METZ PENDANT LE BLOCUS

D'APRÈS LES RENSEIGNEMENTS DU CONSEIL MUNICIPAL.

	LE KILO en septembre.				LE KILO en octobre.				
	FR.	C.		FR.	FR.	C.		FR.	C.
Sel	4	50	à	6	12	»	à	16	»
Viande de bœuf	4	»	à	8	8	»	à	12	»
— de veau	4	»	»	»	»	»	»	»	»
— de mouton	8	»	»	»	8	»	»	»	»
— de porc	3	20	à	8	9	»	à	16	»
— de poulain	»	»	»	»	1	50	à	4	50
— d'âne	»	»	»	»	4	50	»	»	»
— de mulet	»	»	»	»	4	50	»	»	»
Cervelas de porc	4	»	à	5	8	»	à	18	»
— de cheval	1	50	à	3	5	»	à	7	»
Filet de cheval	3	»	à	4	5	»	»	»	»
Lard	3	»	»	»	»	»	à	17	»
Jambon	8	»	»	»	20	»	»	»	»
Sucre	6	»	»	»	9	»	à	20	»
Beurre fondu	8	»	»	»	»	»	à	20	»
Saindoux	5	»	»	»	»	»	à	16	»
Pommes de terre	1	50	»	»	2	»	à	2	40

	LE KILO en septembre.				LE KILO en octobre.				
	FR.	C.		FR.	FR.	C.		FR.	C.
Haricots verts.	1	70	»	»	»	»	à	5	»
— blancs.	»	»	»	»	4	»	à	8	»
Oignons.	2	»	»	»	8	»	à	10	»
Raisin.	»	30	à	1	1	40	à	1	80
Fromage de Gruyère. . . .	»	»	»	»	»	»	à	16	»
Vin ordinaire.	»	»	»	»	»	»	à	2	»
Lait	1	»	»	»	2	»	à	2	40
Cognac.	»	»	»	»	8	»	à	10	»
Huile d'olive.	»	»	»	»	8	»	»	»	»
Huile à brûler.	»	»	»	»	2	»	à	3	»
Un poulet	10	»	»	»	12	»	à	20	»
Un lapin.	»	»	»	»	15	»	»	»	»
Un lièvre.	»	»	»	»	45	»	»	»	»
Une carpe.	»	»	»	»	7	»	»	»	»
Un pigeon	»	»	»	»	3	»	»	»	»
Une allouette.	»	»	»	»	1	»	»	»	»
Œufs, la douzaine	6	»	»	»	9	»	»	»	»
Paille, la botte de 5 kilogr.	»	»	»	»	3	»	»	»	»
Foin id.	»	»	»	»	3	»	»	»	»
Avoine, l'hectolitre.	»	»	»	»	110	»	»	»	»
Bois, le stère.	»	»	»	»	25	»	à	35	»
Houille, les 1,000 kilogr. .	»	»	»	»	75	»	à	160	»
Charbon de bois, le kilogr.	»	»	»	»	»	»	»	80	»
Bougie.	»	»	»	»	8	»	à	11	»
Chandelle	»	»	»	»	3	»	»	»	»

TABLE CHRONOLOGIQUE

ET DES MATIÈRES

NOTES.

FIN.

PARIS. — J. CLAYE, IMPRIMEUR, 7, RUE SAINT-BENOIT. — [729]

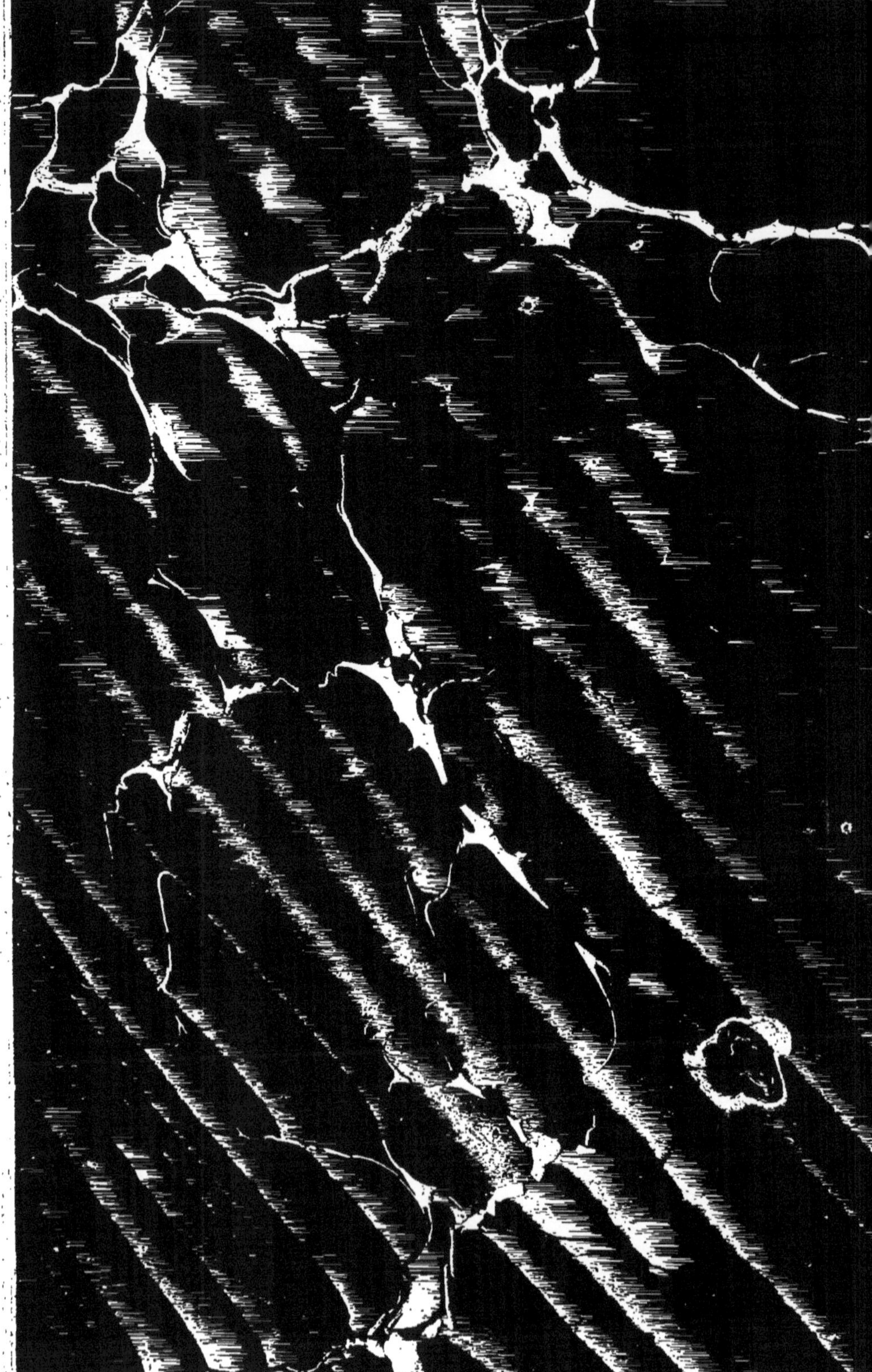

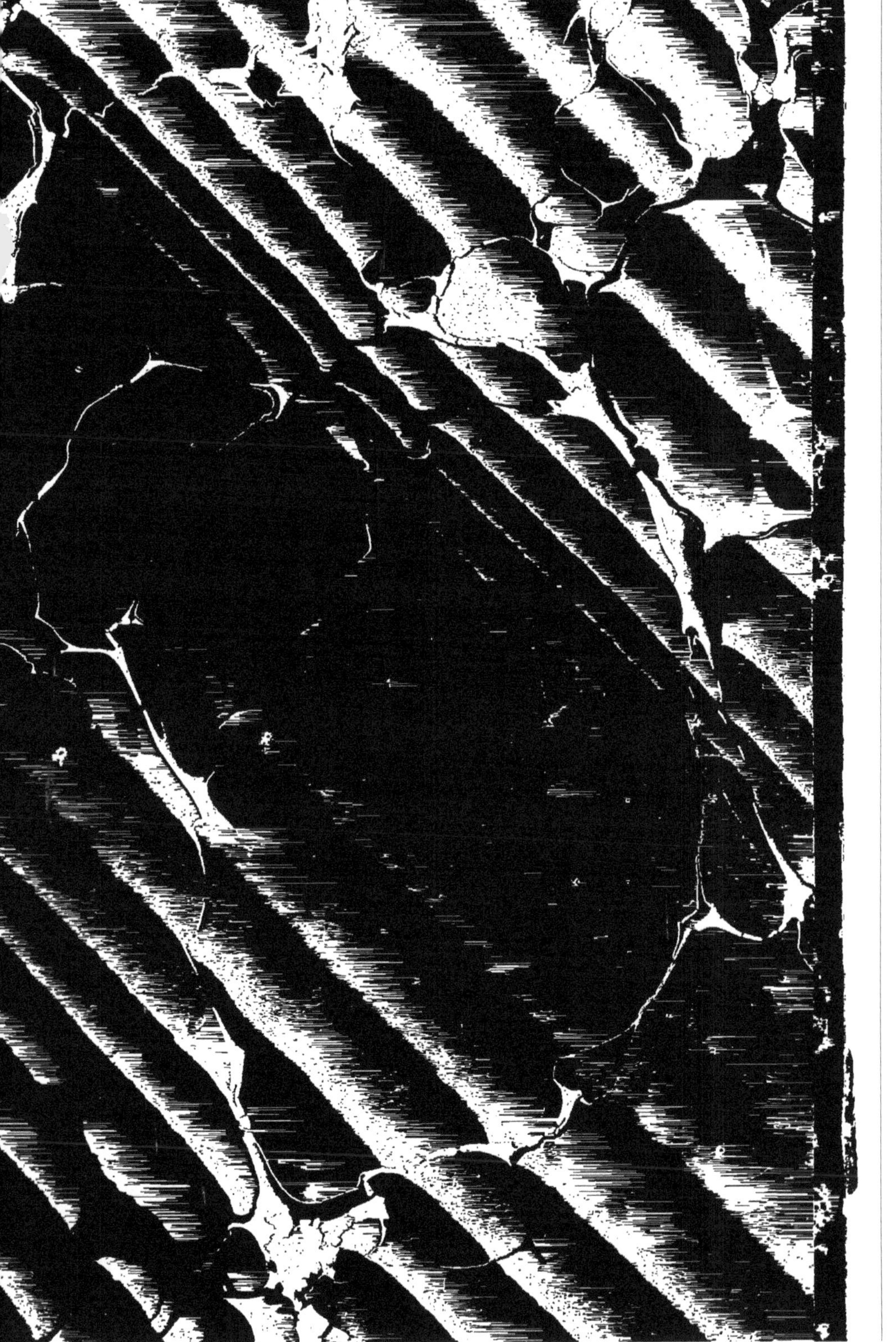

www.ingramcontent.com/pod-product-compliance
Ingram Content Group UK Ltd.
Pitfield, Milton Keynes, MK11 3LW, UK
UKHW020114200726
13856UKWH00002B/541

9 782011 77345